「去了」到底是要去哪裡？

好色日本性愛史：從浮世繪到性典籍看江戶時代的情慾文化，走進「性福」的極樂世界

江戸の女性たちはどうしてましたか？
春画と性典物からジェンダー史をゆるゆる読み解く

作者：春畫女子（春画ール）
譯者：哲彥

從第1話～第22話，前身都是曾在戀愛網媒《AM》上連載的專欄《令和奇聞》（網址：https://am-our.com/sex/588/recent_post），並經過大幅補充改寫而成。第23、24話則是專為本書撰寫的原創內容。

江戶性愛研究室

目錄

本書原創文章

01

現在為什麼還要看「春畫」？歡迎來到可以讓我們反思「性愛」的春畫世界

我用「春画－ル」這個筆名撰寫專欄，主要介紹江戶時期描繪的春畫，並挖掘當時的文獻，探討人們對性的價值觀和心理。

與其說是從美術的觀點解讀畫作，不如說是我想要針對從江戶時期傳承到現代的，「那些一直以來被我們視為理所當然的文化和習俗，在解開對它們的疑問的同時，也要分享藏在背後那些難以名狀的情感究竟是什麼」而我也仍在摸索嘗試，用各種方法達成這個目的。

像是我曾在被春畫包圍的空間裡開辦酒吧，或是參考江戶時代的出版品，舉辦重現古代潤滑劑的活動。把江戶時期的出版品翻成現代日文的確也很有趣，但我最重視的是，能否實際重現當時書中描述的東西。之所以會這樣，是因為我不僅僅是想藉由這些活動，讓更多人開始對江戶時期的文化、風俗感興趣而已，更想要讓大家對江戶文化產生更多情感。當然我也喜歡藉由欣賞浮世繪，來賞玩當時的文化和風俗。

「春畫」就是以前的A書？

每當有人問我「春畫是什麼？」時，我都會簡單地用一句「描繪性活動的風俗畫」說明。我說的「性活動」，並不單指性器官交合的行為本身，而是包含了生產、育兒、夜爬[1]等，圍繞著性的所有活動。

人類的性活動既有崇高意義，但有時也會瞬間變為恐怖……對於性活動，我們有時也會感受到「活著真困難」。

不過在春畫中的人們，即便身處辛苦世道也不以為意，他們看起來就像打從心底享受著自己的人生和性愛。

欣賞春畫時，我總會有種感覺，與其說是在「鑑賞畫作」，不如說像是「在偷窺某人的人生」。陷入初戀的振袖少女。在隅田川和心愛的人一起看煙火的夏天。結婚後，第一次告訴先生肚子裡有了新生命的瞬間。與伴侶白頭偕老。你或許會覺得很意外，但這些「性活動」都會被畫在春畫裡。

正因為春畫裡的世界，就像是把某人的人生碎片畫成畫，即便現在來看，還是有很多有趣的

1 原文為「夜這い（Yobai）」，由於日本古代行男女別居的訪妻婚，夜爬指半夜以性交為目的前往別人寢居處的習俗，大部分情況都是男性找女性。

地方。人們也會帶著各式各樣的情感觀看春畫。所以，看春畫時，我覺得不需要尋求「我說喜歡這幅畫不會很怪嗎？」「看的時候可以笑嗎？」這類正確反應。應該要更重視第一次看到這幅畫時的直覺才對。

「我喜歡這幅畫」「不知道為什麼就是不喜歡」「好怪喔」「看了覺得變開心了」。

你之所以會有這些想法，又是為什麼呢？

欣賞春畫時帶來的樂趣，以及偶爾感受到的恐懼，一定都是你在至今為止的人生中累積的寶貴經驗，以及長久培育而成的精神共同造就的。

為什麼是「春畫」

「江戶時期對性的態度真的很開放耶。」

我常聽人這麼說。

之所以會有這種感覺，不就是因為現今社會的狀態，讓人感受到壓迫和痛苦嗎？

我就直說了，在春畫當中，有許多用現代眼光看難以容許的強姦圖、歧視表現，以及譏諷他人不幸等讓人笑不出來的主題。

我也曾讀過有些現代書籍，評論春畫中的強姦圖為「明明應該描繪男女和合的春畫，卻出現強姦圖，讓人感到違和感」「這是為了向讀者傳達強姦之惡」。

不過，我卻認為這些春畫是為了「笑料」而畫的。

「笑料」的對象不一定是值得喜悅的事，也不一定是讓人感到幸福的事。「笑料」還可以用來針對特定需要排除的對象、瞧不起的對象，或是帶著譏笑歧視別人，這些春畫正是要指出這些對象和自己不同，帶給讀者某種優越感。

閱讀本書的你，如果認為「江戶時期（和現代不同）對性很開放」，那麼江戶時代人們的「開放」中，也就包含了強姦圖、歧視表現、嘲笑他人不幸的精神。

但那些對我說「江戶時期對性的態度很開放」的人們，心裡想說的或許是「跟現代不同，江戶時期對性是解放的，是一個讓人不覺得壓迫的好時代」。不過這只不過是站在現代人立場的解釋罷了。「開放的性」和癡漢行為、強姦、墮胎、殺嬰、人口買賣其實是一體兩面。

在對性的意識不斷演變的現代，春畫正好能讓人們提出對性的疑惑，扮演了相當重要的角色。但如果只是端出春畫的「美味的部分」，卻完全不提春畫中也存在著「現在人吃不下去的部分」，就介紹者的立場，我認為有些不妥。

帶著這樣的想法，我在寫作本書時，把決定「能吃（美味）／不能吃（不美味）」的權力交給讀者。

首先就請試著品嘗看看吧。

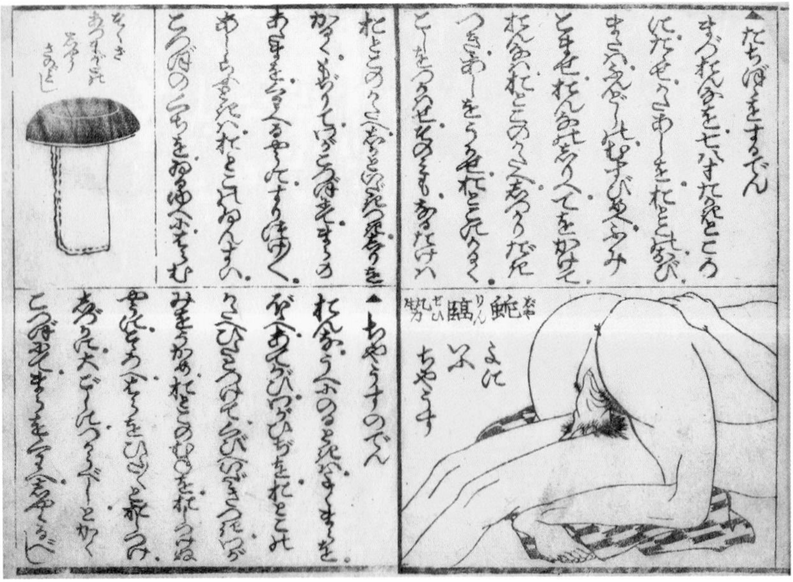

圖1 《陰陽淫蕩之卷》（葛飾派，1818～30年以後，國際日本文化研究中心藏）

教你怎麼做到交合的體位「茶臼」！

本書不僅要介紹春畫，還要介紹各式各樣跟性有關的典籍，也就是當時寫在所謂性愛指南書中的性愛資訊。

這裡就先讓我介紹「茶臼的做法」，也就是交合時女性坐在男性身體上的體位。

在古籍《陰陽淫蕩之卷》中，除了介紹速成的情趣玩具製作方法，還記載了男女自慰的方法，以及交合體位等實踐攻略，是一本色道指南書。

閱讀在此書中記載的「茶臼」方法，如果翻成白話文就是以下這樣：

女人坐在男人身上，讓男根插入女陰，手肘搭在他的肩膀上，緊抱住他的脖子。然後一邊注意不要讓上

圖2 《繪本笑上戶》（喜多川歌麿，1803年，國際日本文化研究中心藏）

半身壓住男人的胸口，一邊反覆向對方的身體搖動腹部，靜靜地大幅擺動腰肢。

就如圖1中描繪的，這是一種讓女性居上位，保持插入狀態緊緊擁抱的姿勢，技巧的重點是，為了不讓男性喘不過氣來，要一邊留意不能壓迫男性的胸部，一邊靜靜地大幅擺動腰部。只要精通這種茶臼體位，就可以變化成接下來的另一種姿勢。

這種體位被稱為「曲茶臼」，圖2中的藝妓正在操作。這幅春畫刊載於喜多川歌麿所繪的《繪本笑上戶》（享和三年，一八〇三年）。

閱讀畫中的圖說，這位藝妓「一邊彈奏三味線，一邊搖動著女陰，這種交織了欣喜、心酸、怪異、羞恥、寡廉鮮恥的境遇，實屬罕見」，或許當時真有不少女性，就是這麼一邊彈著三味線唱歌，一邊在客人的身上來回上下。

順帶提一段閒話，我以前在Amazon Prime上看電影《感官世界》時，這種體位突然出現，讓我嚇了一跳，不禁大叫「啊！是曲茶臼耶！」。我本來以為這種體位只存在於春畫的世界裡，沒想到他們能用影像重現，真是要好好感謝一下大島渚導演。藤龍也在這部電影裡性感得讓人發狂，希望大家也能去找來看一下。

好的，那麼就讓我們正式進入春畫的世界吧。

02 把「享受性愛」這種積極要素融入生活中

是你的是我的，大家的「春畫」

猶記當年，我還是個滿是自卑，完全不知男女戀情之事的人，第一次看到葛飾北齋的《海女與章魚圖》時，真是大受衝擊。若隱若現的女性裸體，全身纏滿了章魚的觸手，簡直就像在說「還要、還要」的身姿，讓我在網路上找來看了好幾次。

這就是我和春畫的第一次邂逅。

明明我對春畫一點都不了解，卻被深深地吸引了。現在回想起來，或許是因為春畫中那位因非人對象而感到快樂的女性，讓我發現「世上原來還有這種超出我想像範圍的性愛啊」，而帶來了某種打擊吧。

經過大約十年後，在我心中沈睡的春畫狂熱突然覺醒，我就這麼開始摸索研究春畫了。

某天我在酒吧喝酒，和碰巧坐在旁邊的陌生男子閒聊。說到我喜歡春畫，和那位男性一起的女性問他「ㄔㄨㄣˊㄏㄨㄚˋ是什麼？」，那位男性卻回答了一句讓我不能當作沒聽見的答案：「就是以前的A書啦。」

但我心想，就算我大喊「才沒這麼簡單！！」並開始大講日本春畫，那兩個人一定也會不感興趣，所以當時就是乾笑著敷衍過去了。但我現在還是覺得，明明眼前就有人說喜歡春畫，這麼草率的說明實在不太對吧，好歹也給我查一下維基百科！

「不是啊，春畫明明就是江戶時代的A書吧」為了抱持著如此漠然印象的讀者，容我補充一下。春畫的形態和內容非常多樣，舉凡畫家親筆繪製的繪卷、十二枚一組的十二枚組物、曲亭馬琴的《南總里見八犬傳》這類二創當時人氣書籍的作品、手掌大小的豆判春畫，以及提供色道指南的艷書等等，都可算入春畫。即便說它是A書，但有許多春畫的形態根本不能算成書。

讓我開始了解春畫，並深陷其中的契機是，我在許多畫作中感受到春畫蘊藏著「性與笑料的密切關係」，以及「和合的重要」等訊息。現代出版了許多跟春畫有關的書，書中選的大都是些強調「開放的性」「明朗又充滿笑料的性」的畫作，我也自然而然地把注意力放在它們身上。

不過在我開始練習自己解讀艷書後，漸漸發現春畫中也描繪著那些讓人不忍直視的人類心思。不知道有多少次，我因為古典書籍裡寫著「女人喜歡禮物和歌舞伎，所以要是想跟女人來一發，就送她髮簪、帶她去看歌舞伎」這類過分蔑視女性的內容，而氣得牙癢癢。但這些內容，也讓我得以思考至今為止從未遇過的男女價值觀差異、笑點表現的品味，以及人類對性的欲望。這些思考的確值得我花費大把時間。

請帶著知識和理性學習春畫

日本的春畫，如果用途只有即刻表現性的興奮，或當成人們自慰、性愛時的助興材料，那麼我想春畫展的舉辦既不會引發廣大迴響，也不會有人去拍春畫展的紀錄片電影了。

就像是妖怪與神明的交合、春畫的巧妙畫工，以及《源氏物語》等知名故事的二創改作等等，江戶時期畫師、雕版師、刷版師的熟練技法，以及當時出版業界的巧思靈感，早已遠遠超出了我們的想像。

我想要與更多人分享這份驚奇，從二〇一八年開始，出自興趣向國內外發布春畫的資訊。但淺學的我，途中開始發現要持續下去是挺困難的。

我一直在想，即便是保持低空飛行也好，但該怎麼做才能持續學習，並保持活動下去呢？帶著這份煩惱，讓我得以繼續前行的，是在ＡＭ網站上的連載。我想要提供有別於既有春畫、性文化書籍的體驗，所以從艷書中找題材，書寫重現古代性玩具和生理用品的體驗報告，有時也會跳脫春畫的框架，調查當時的性文化。因為疫情所致，在圖書館不斷休館的期間，實在無法好好調查，我在苦惱之下，甚至從艷書中得到靈感，走到了在自己的胯下焚香這一步（結果這篇文章竟然創造了讓責任編輯大吃一驚的點閱數）。

我不斷追尋前所未見的艷書，但今年不過才第四年而已。往後我仍然會努力不輟，撬開一扇扇江戶時期性文化的大門。

03

就算在床上不被對方接受也不要自我苛責

東西可不是大就好

性器官的長相是因人而異。也因為是不能輕易置換的東西，所以會帶來許多不方便。就像女性器官在日文裡別稱「凹」，因為性器官埋藏在雙腿之間，與男性不同，很少有機會跟別人比較。

菱川師宣的著作《床之置物》（天和年間，一六八一～八四年）中，描繪了後宮女官們的赤裸性事。

女官們暗地裡張開雙腿，互相比較女陰的大小（圖3）。

男性們互相比較自己的男根尺寸，這種「陽物比較」的繪卷從中世就存在，也是近世畫作的人氣主題。如果有「陽物比較」，那當然也會有「陰物比較」的畫。圖說寫著「這種女陰，連老

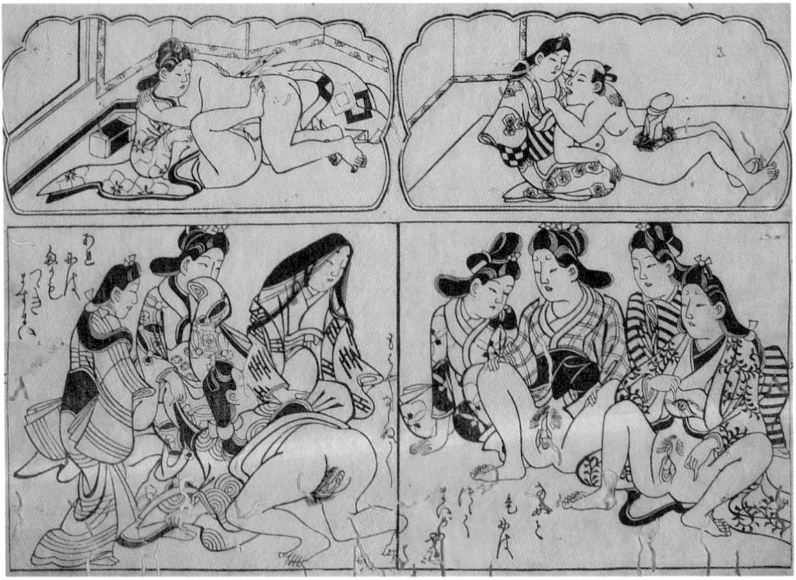

圖3 《床之置物》（菱川師宣，1681～84年，國際日本文化研究中心藏）

鷹都不會來啄吧」，其他女官都把焦點放在那副具有魄力的性器官上，如果畫中的這副景象在當時真的相當普及，那就表示女性已經意識到自己的性器官和他人的外觀會有差異。

說到性愛與性器官的關係，或許會想到「男根太大放不進去」或是「男根太小，不對盤」。我在閱讀性愛指南書《陰陽淫蕩之卷》時，發現裡面關於性器，有這麼一段記載（圖4）。

> 女性器位偏下，未必不好。偏上女陰有妙味，偏下女陰亦有佳品。形闊者有套緊時，形窄者亦有鬆垮時。與生俱來之劣，經人調教，也能化身舒適名具。男根有大而無當者，過於緊屈，反而乏味；小男根憑技補拙，也有妙用。

簡單整理就是，無論女陰是窄是寬，男根是大是

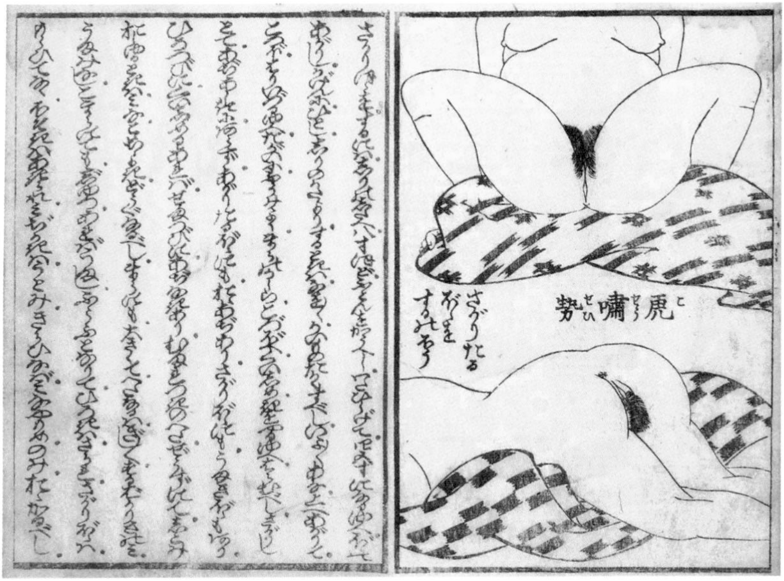

圖4 《陰陽淫蕩之卷》（葛飾派，1818～30年以後，國際日本文化研究中心藏）插圖為示範如何插入位置偏下的女性器。

小，跟性愛的舒適度都沒有直接關係，就算與生俱來的性愛條件不佳，在高人指點下，每個人的性器官都能變身讓雙方都舒服的道具。在當時對自己的性器官抱有自卑的讀者眼裡看來，這段文章簡直有如救贖。

為了成為帶來舒適的道具，在書中也介紹了許多針對各種性器官煩惱的插入方法等技巧。

有位友人曾說，在和伴侶藉著彼此的性器官達到高潮，經歷一場超級滿足的性愛後，不只會加深和另一半的關係，就連隔天早上跟路人打招呼時，都會感受到「Love & Peace」。對她而言，心靈與身體之愛，以及和平，簡直就是從床上開始的。

江戶時代的人也和現代人一樣，對性有著許多煩惱。書中也記載了解決的線索。

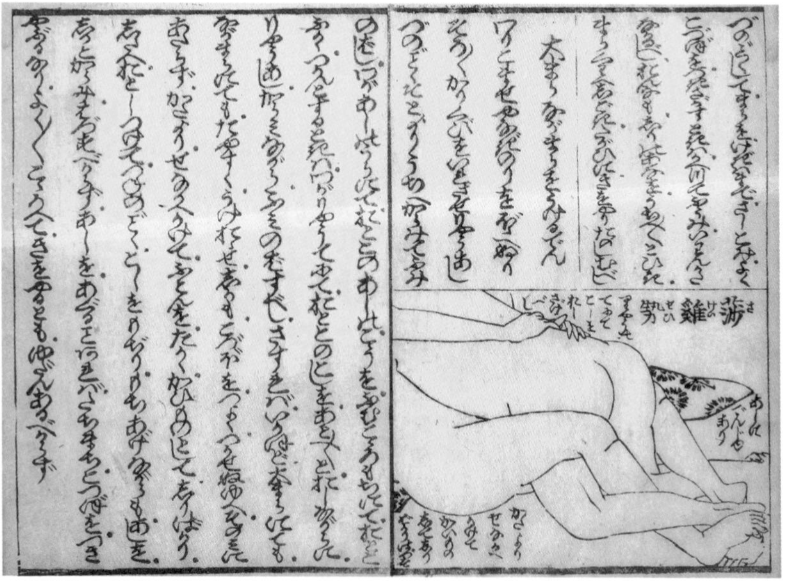

圖5 《陰陽淫蕩之卷》（葛飾派，1818～30年以後，國際日本文化研究中心藏）插圖為示範如何插入位置偏下的女性器。

容納巨大男根或長陽具的方法

在《陰陽淫蕩之卷》中，介紹了插入巨大陽具時，避免傷害陰道的方法。（圖5）

1 在女陰上塗柳糊（潤滑劑），再讓龜頭部分緩緩插入。

2 如上圖般，用兩腳從外側扣住男性的雙腿，呈現腳底踩著男性腳背的姿勢。

3 男性要深入衝刺時，用兩手把男性的腰部向後推，交纏固定的雙腳用力下踩。

這套教學最棒的地方是「使用潤滑劑」，以及「不中斷插入行為，而是自然地阻擋男性插得太深」。重點在於女性的雙腿扣在男性腿上，可以分散體重。這樣一來可以防止男根插得太深，也更容易接納又粗又長的陽具。

仔細思考女性的雙腿纏在男性腿上的好處，應該有以下幾點：

- 女性可以控制男性的活塞運動
- 男性的體重不會直接壓在女性的腰上
- 提升緊密接觸感

此外，在這套「接納粗大陽具的方法」中，還寫著要在肩膀到背部之間鋪上棉被墊高，讓臀部接觸地面會更好。

在方法的最後還特別寫道：「腳不能抬起來，要緊緊扣到最後一刻。就算再舒服，也不能在最後鬆懈了」。

雖然我們不清楚江戶時代到底有多少大鵰男，但從此可以看出，當時的人認為對女性而言，接受粗大的陽具進入體內是有風險的。我在延寶八年（一六八〇年）發行的游女評論記《難波鉦》，以及《納構帖》（道後的游女屋「京窯」從寶曆年間開始流傳的密書）中，都曾讀到如果嫖客的傢伙太大，甚至大得像馬，按照行規，游女是可以拒絕插入的記載。游女把性當成工作，所以可以拒絕客人插入，但一般人要是因為情郎的那兒大到如馬，而選擇永遠不交合，未免也太悲傷了。這類書籍或許就是為了解決當時情侶的煩惱吧。

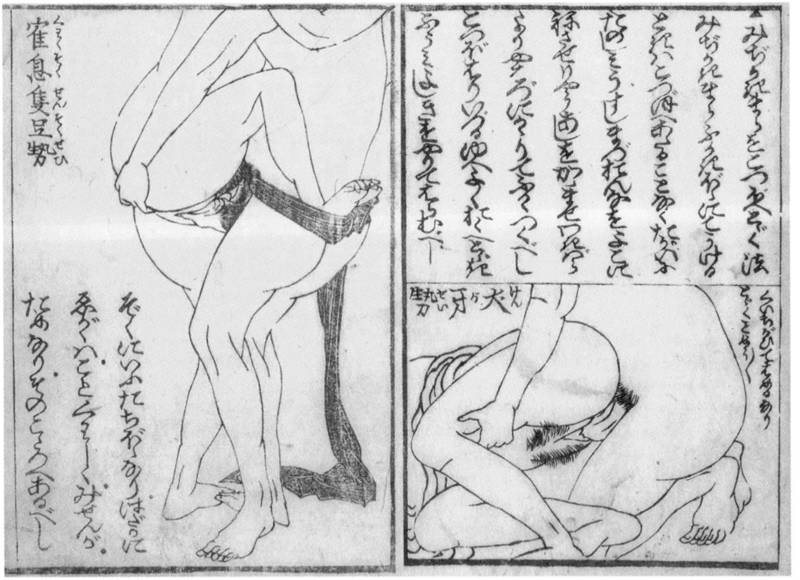

圖6《陰陽淫蕩之卷》（葛飾派，1818～30年以後，國際日本文化研究中心藏）

插不到最深處時，就試試這招

就算男根插不到女陰的最深處，心靈或許也能滿足，但一定也有人的心願是：要盡可能地插到最深！

《陰陽淫蕩之卷》認為「男根若沒能抵及子壺（指女性器的深處），雙方的樂趣都會變弱」，在這段話後面，也記載了如何讓小鋼炮也能抵達陰道深處的方法。方法是如圖6般讓女性側躺，呈現雙腳微屈的姿勢，並在這狀態下從背後深深插入。不知道是真是假，但據說這種讓女性橫躺的姿勢可使性器向外張開，讓男根更容易抵達深處。

而且這種體位還有個很帥氣的名字，叫「犬牙勢」。我曾聽過因為側位是男性比較容易控制射精的體位，所以很適合早洩的男性，真希望能藉由這個機會，讓「犬牙勢」這個名字普及開來。

04

這才不叫「安慰」！自慰就是與自己的幸福在一起

接下來讓我們把焦點放在「自慰」上。

在月岡雪鼎的《艷道日夜女寶記》（明和六年，約一七六九年）中，記載了女性替自己找到歡愉的方法。

1 初入門的女性，一開始會先從枕繪（春畫）中找到心靈的滋潤，興致高昂時，只要摳挖（用手指愛撫自己的性器），自然而然就會習於此道，在新婚洞房時也不致痛苦。

2 把張形（用海龜殼等材料製成的性玩具）套在腳踝上玩時，一手撐在後面的地上，另一手則抬著單腳，腰部慢慢下屈。

3 同樣是把張形套在腳上，如果要立起雙膝玩，腳尖就要朝下，用兩手抱著單邊膝蓋。

4 位置朝下的女陰，就要把張形綁在腳跟後方，如圖7（左一）般兩手撐在地上，擺動腰部。

5 盤腿平坐地面時，要像圖8（右一）般併攏腳踝，並使用張形。無論哪種方法，最好都在臀

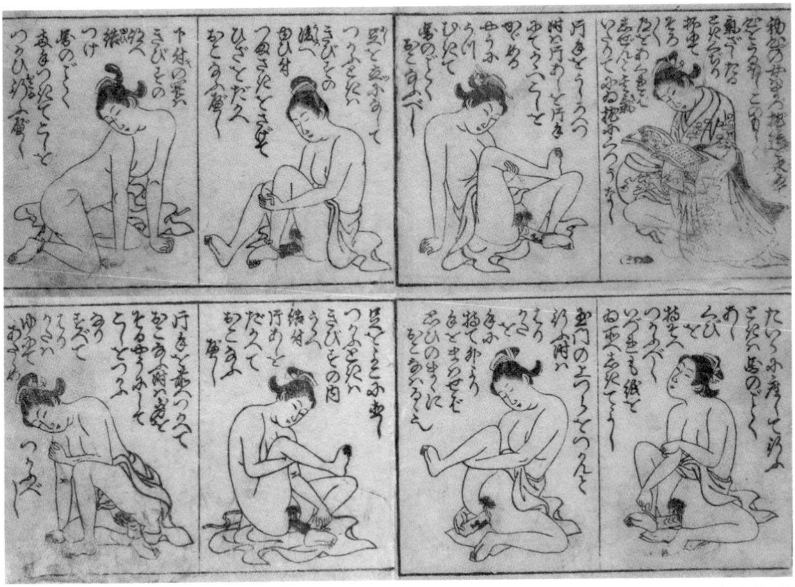

圖7（上）、圖8（下）《艷道日夜女寶記》（月岡雪鼎，約為1769年，國際日本文化研究中心藏）

部下方墊紙。

6 想要用張形刺激女陰上側時，用一隻手拿著張形，從外側繞進來，就可隨心所欲地刺激自己喜歡的地方。

7 雙腳橫放時，把張形綁在單腳的腳跟上，抱住另一隻腳。

8 單手撐在身體前方時，腰部要如反凹身體般動作。無論哪種玩法，使用什麼姿勢，都要先用熱水把張形泡暖再用。

像這樣，書中相當詳盡地記載了自慰的方法。

在圖7、8中使用的張形，高級品會用玳瑁殼或水牛角製作，使用前要先泡熱水。藉由加熱，可以讓張形變得柔軟，提高使用時的舒適度。

其實我手邊也有一個江戶時期實際被使用過的精巧

張形（作為史料收藏）。從張形的空洞處看進去，可以發現內壁貼滿了棉片，應該是為了在泡熱水加熱時，吸飽熱水的棉花可以漲滿張形內部，從內側達到保溫效果。它的前一個主人大概做夢也想不到，自己用過的成人玩具竟然被拿來拍賣，還有人非常開心地買回家吧。

每個人都沒有學過怎麼自慰

說到頭……各位讀者是怎麼學會自慰的呢？

現代不知道有沒有像月岡雪鼎的《艶道日夜女寶記》這樣的出版品，能仔細說明自慰的方法和性玩具的使用方法？

在江戶時代的性典籍中，記載自慰方法真是一點也不稀奇。在《陰陽淫蕩之卷》中寫道，女性在十二、三歲就會開始性覺醒，會向人打聽與他人交合的細節，逐漸無法抑制蕩漾的春心，而開始愛撫自己的女性器。

書中記載，自己愛撫性器也是有一套方法的，三天兩頭玩自己的性器，過頭了可能會讓氣血循環變差，隨後造成經水（指生理期）不順，長大成人後還會埋下疾患。所以不要用自己的方法閉門造車，理解適當的方法是很重要的。與《艶道日夜女寶記》相同，書中加上了與血流循環的關聯性，講述自我撫慰的方法。

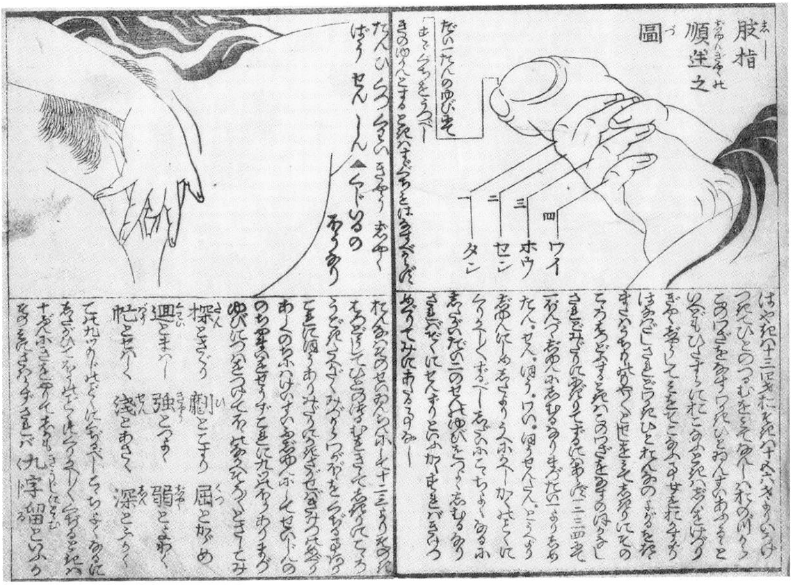

圖9 《陰陽淫蕩之卷》（葛飾派，1818～30年以後，國際日本文化研究中心藏）

最重要的摳挖法（用手指愛撫性器官）是——

手指塗滿唾液，慢慢插進女陰中，運用「探」「劘」「屈」「迴」「強」「弱」「忙」「淺」「深」等九種手法，依照個人喜好反覆進行。當時的讀者想著要學習正確方法而一邊按圖索驥時，應該會因為這套說明太隨便而笑出來，但看來要領就是掌握強弱緩急。

光是閱讀這些江戶時代的自慰說明，也能感受到「江戶時期對女性自慰的態度頗為正面，自己做這件事，一點都沒有什麼好丟臉的」。不過，女性進行自慰行為的意義，似乎並不僅止於心靈和身體的健康。《艷道日夜女寶記》的〈自行安味法〉中，如此描述「安味」，也就是自慰的目的：

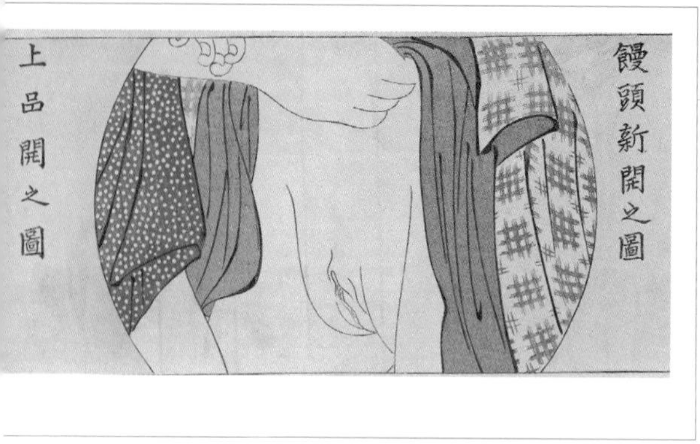

〔自行安味法〕

常云安味使男女虛損，然若血氣循環，反能祛病。人若常令五臟血氣動搖，可使血巡，腎水不腐。淫亂女曰：自安味，可慰心神，循環血氣，故能不破貞心。緩撫開中，調和張形，能治其惱。然若以自身交合之思，不藉付物為之，專窮手力，終將肩疲，誠為安味痃癖，而新婚破瓜時，亦怪。

這段話說：「『淫亂女』說，自己安味能安撫心神，並讓血氣循環變好，於是貞心就不會破戒。」

《陰陽淫蕩之卷》中也有「女之性 應淫亂」的記載，認為女性的性質是「淫亂」，可窺見當時對性的價值觀。女性自己摳挖（自慰）的行為，具有避免太快對男性張開雙腿的「淫亂」的意義。

就像現在把「這個淫亂女！」當成罵人的話一般，我們只要聽到「淫亂」就會馬上將其視為負面詞彙。不過我在閱讀江戶時期的文獻時發現的其中一件事是，某些特定的詞彙有可能與現代的印象完全不同。

《艷道日夜女寶記》中，像是「防止淫亂」這類用法，表示淫亂是被當成負面詞彙使用；但若搜查其他史料，有趣的是，這「淫亂」未必只能用在負面場

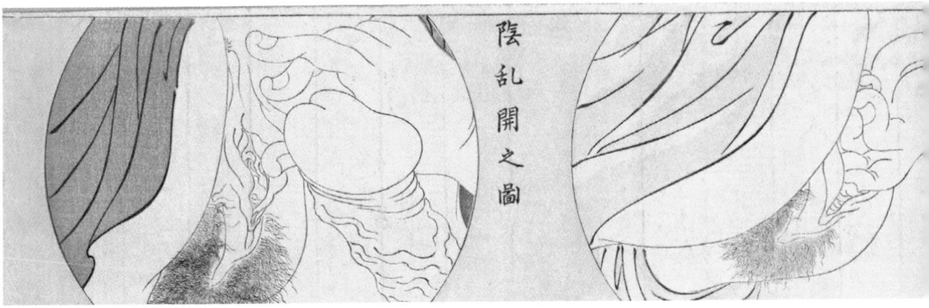

圖10《袖之卷》（鳥居清長，1785年，國際日本文化研究中心藏）

合。因為也有些史料把它當成「熟練於性事」的意思。

鳥居清長的《袖之卷》（天明五年，１７８５年左右）是被譽為春畫史上最高傑作，是在海內外都有極高評價的一套春畫。它把稱為柱繪的縱長形式應用在橫向畫作上，並以大膽的聚焦構圖，描繪各種看起來相當幸福的交纏男女。

全十二圖的這組春畫，最後並列了三個畫在圓形中的女陰（圖10）。從右依序寫著「饅頭新開之圖」「上品開之圖」「淫亂開之圖」。「新開」指處女的女陰，「上品」與其說是指洗鍊或品格高雅，更接近適於交合的名器的意思。畫在最左邊的淫亂開，比起另兩張圖的女陰，陰毛更濃，褶皺也更多。

在江戶時期的性典籍中，比起處女至上主義，更推崇熟練於性事，能感受高潮的女性。江戶時期認為，交合再怎麼說都是人類的樂趣，因此在春畫中，享受交合並熟練之，絕非壞事。在《袖之卷》中的「淫亂開之圖」，與其說是帶來性生活混亂這種負面形象的圖例，不如說只是想描繪熟練於交合的女性陰部罷了。

婬男亭好成的《教訓女才學》，是一份重視夫婦交合之道的文獻，仿照《女大樂寶開》這類女性向的指南書體裁寫成。序文寫道：「交合之時，要妥善款待男子」、「為愚昧兒女，此書之訓為教授其道之深意」，看似目標是女性的體裁，但內容卻可說是一本屬於男性的讀物。

在這本書中有一項是「婬婦的差別」，介紹各種婬婦的性質。

婬婦亦有品級之分。所謂真婬，乃將其男視為天上地下絕無僅有，無論晝夜，夜夜盡義淫蕩，且從不薄情，深切專情於一男。

江戶時期把不劈腿、忠心於丈夫的妻子當成良妻。

這裡的「忠心」也包括夜裡的性生活。女性如果不勤於交合，就不會有小孩。但在我讀到的江戶時代性典籍中，女性並不是為了「生產活動」而擔任丈夫的交合對象，而是妻子應該也要享受到與丈夫交合時的快樂。

當時的人應該是認為，對女性而言，淫亂自身並無不妥，而是婚後與丈夫以外的男性做愛，這種淫亂才叫不好。

所以書裡才會寫著應該要成為不破貞心的女性。與生俱來帶有淫亂性質的年輕女性，一旦破了貞心，結婚後就很有可能成為會背叛丈夫的妻子。所以才會推出這種體裁的出版品，建議大家可以藉著自慰來撫慰心靈，促進血氣循環，並減少新婚初夜的痛苦。

在「淫亂開之圖」中描繪的那副熟於性事的「道具」（指性器官的隱語），是專屬於唯一的丈夫的存在。

05

不能只顧自己爽！交合就是要雙方都開心享受

你是否曾想對床伴說「希望你這樣做」「摸那裡不舒服」呢？

江戶時期關於性的典籍中，針對交合一事寫道：「不能只顧自己，要讓雙方都舒服」。

提升女人性趣的技巧

由溪齋英泉編撰的艷書《閨中紀聞 枕文庫》（文政五年～天保三年，約一八二二～一八三二年），內容豐富，在當時非常暢銷（圖11）。在這份性典籍中，引用了從中國的性書和醫書中獲得的知識、雜揉過去曾經出版的性典籍，寫滿了交合的心得和交合時的實戰指引。在書中的〈戲弄真情〉一項中，記載了男女和合時的心得和注意事項。

凡和合之法為，男子緩解女衣帶，緊抱女子，肌膚貼合，莖向玉門。先吮舌、手探乳，戲

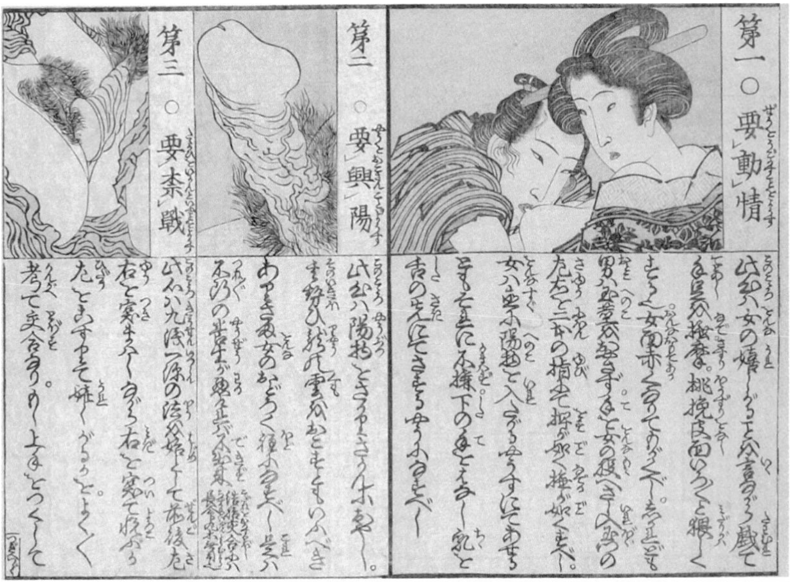

圖11 《閨中紀聞 枕文庫》（溪齋英泉，1822～32年，國際日本文化研究中心藏）

之。引女手握玉莖，男理女毛，探核頭，以指詢答。行事時應時時留心，直至淫水濡柔，鼻息粗荒，嬌身發燙，催郎速入。

看起來古人相當重視從前戲開始，就要靠兩人慢慢升溫這件事。這段文章的後續是，如果男性先感到「完蛋了……要去了」時，應該要先想點別的事分心忍耐，貫徹讓女性更舒服的義務。而著者英泉似乎也對當時人們的交合方式頗有疑問，寫下了以下的文字。

夫男女交合中，亦有仙方。即不以吾心歡暢為先，而鮮以遺氣。然今人之交合，竟無顧女性，於女洩前自行自顧遺氣，實屬大誤，於身亦為毒。

翻成白話就是，「最近的男子在交合時都不顧女性，在女性遣氣（達到高潮）前自己就先漏氣了。這是天大的錯誤。」

「陰陽和合的要旨就是男女同時高潮，但比起男性，女性要花更多的時間才能抵達高潮。因此男性要忍著不先射，並貫徹讓女性舒服這件事」書中如此記載，並指出如果只顧自己爽，做愛做得有如在自慰一般，反而可能對身體有害。

我在讀這本書時，腦中不禁自動播放了AYAMAN JAPAN[2]的名言：「要去的時候……當然要一起啊！」，但這句話正表現了江戶時期陰陽和合的精髓，實在是非常重要。

我也覺得，《閨中紀聞 枕文庫》的作者溪齋英泉，對當時人們的床笫之事一定如數家珍。他曾在根津經營游女屋，說不定就是從女郎那聽了許多和客人交合時的細節。

在《陰陽淫蕩之卷》中，也有一篇〈使女子恍惚之法〉。從前戲到插入之後的說明非常冗長，所以以下僅簡單整理前戲部分。

- 一開始要先說些讓女心蕩漾的話。
- 撫弄女人的髮絲，等到她臉頰潮紅、心跳加速時，從一側緊抱住她。
- 吸吮雙唇時要吸到舌頭交纏般的程度。
- 舌根變得濕潤稠滑時，就是女人動春情的證據。

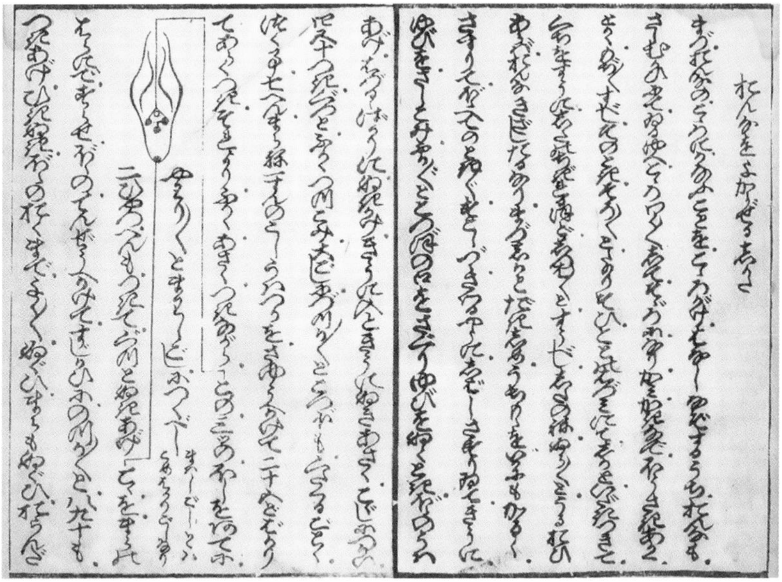

圖12 《陰陽淫蕩之巻》（葛飾派，1818～30年以後，國際日本文化研究中心藏）

・一開始先緊抱住對方，輕輕撫弄大腿內側，再慢慢轉移到女陰，接著插入手指，尋找子壺的開口。

這裡的「子壺」寫作「子宮」，但這並非大家所想像的那個子宮，而是當時的人認為，陰道深處有一塊區域叫做「子壺」。

《閨中紀聞 枕文庫》中也提到交合開始前要先好好取悅女性，並建議男人要炒熱氣氛。其後輕撫女性的四肢，一邊觀察她的狀態，再循序漸進地推進到交合正事上。

2 あやまんJAPAN，由女性組成的藝能團體，主要出現於宴會活動，同時也從事音樂演出，表演風格以辛辣的黃色笑話聞名。

讓男人開心的接吻心得

在《陰陽淫蕩之卷》裡，也寫了女性該如何與男性喇舌的心得。我個人很喜歡讀江戶時期的性典籍，但多數內容都是以男性為目標讀者寫的，印象中針對女性讀者的內容很少。這裡記載了幾個重點，告訴女性該怎麼做才能讓男性開心。

- 把男人拉近自己接吻時，不可以一開始就把舌頭整條伸出來（應該是想要勸阻那些舌頭先行派的人，以免讓對方倒彈）。用門牙慢慢推出舌頭，讓對方吸吮半條舌頭。
- 吸吮男人舌頭時，要飢渴又主動地，像要擰下舌頭般，一寸寸吸到舌根為止。
- 如果男人凍未條，開始把手伸向女性的大腿間時，要鬆開嘴巴，從和服上方假裝壓住男人的手。
- 男人的手指探入女陰之間時，女人要把臉埋進男人和服的領子內側，並抱緊他。
- 男人開心地充分愛撫女陰後，女人要把眼睛瞇成線，並把舌頭伸進對方嘴裡塞滿，讓他吸個過癮。

用門牙慢慢推出舌頭，或是像要擰下對方舌頭般吸吮，雖然寫的盡是些罕見的方法，但在江戶時期性典籍中的接吻方法，似乎並不是像現代的舌吻般讓舌頭互相交纏，而是如同字面般吸吮對方舌頭的行為。自己先伸出舌頭，或者對方先吐舌，接下來該採取的行動都會不一樣。

如果像書裡說的那般，用狠勁吸扯對方的舌頭，大概會聽到「好痛痛痛痛痛痛痛痛」的慘叫，所以關於這一點，我還沒有親身實踐過。

06

江戶時期讓人春情蕩漾的催情香，真的可以讓人蠢蠢欲動嗎？

我在《閨中紀聞 枕文庫》發現了以下的內容。

〈嗅之能亂女心之藥〉
丁子　一錢　甘松　一錢　紫梢花　八分　附子　二錢
五八霜　二錢　麝香　六錢　龍腦　八分　海豹肝　八分
右記九味研細末、以煉蜜煉之，入土器埋入地中，約七日取出，封儲不使香逸。用時不動聲色，對女焚之。此香能使女欲高昂，此時可伺機抱之。實乃靈藥。

只要讓女性聞了就能令她心亂亂？這是什麼東東！
這句文案真是抓住了我的好奇心。

看起來這款所謂的「嗅之能亂女心之藥」並非食物，而是用來享受香氣的焚香，指南書中也寫了香材的配方。

把這些話翻成白話就是：

把這九種材料磨成細粉，用煉蜜拌勻並搓成型，裝進陶器中埋入土裡，等大約七天後取出來。保存時要密封，不要讓香味散掉了。對女性使用時，要偷偷來，點得不動聲色。這樣一來，聞到香味的女性就會自然小鹿亂撞，這時再趁機抱緊她。真是一款床事必備靈藥。

由柳里恭（柳澤淇園）所著的《獨寢》（出版年份不詳）中，作者也記載了這種讓女性心癢難耐的線香，據他所寫，這是從別人那裡聽到的。順帶一提，雖然《獨寢》的明確出版年份不明，但根據其他文獻記錄，在安政五年（一八五八年），這本書就已經被當成珍本了。

岡島援之曾說，正好二十年前，有種外國線香引進長崎。這種線香細如竹心，是裹在竹籤外製成的。這種香，是一種淫藥。在床笫間焚燒此香，讓香味進入女子的鼻腔，僅需須臾，無論多麼精明的女郎，都會馬上顯露野狐狸般的媚態，或是變成出人意表的樣子。世上再也沒有像此香般奇妙的東西了。

當時這款線香的故事已經成為街頭巷尾的傳說，柳里恭似乎對這種具有春藥效果的不可思議線香很感興趣。如果要舉例，這種香能帶來的狀態，或許就像給貓吃木天蓼一樣吧。

就像各位讀者知道的一樣，現代人對性愛時的香氛也非常講究，具有放鬆效果的香味，在性愛時似乎也能發揮作用。光讀這份性典籍，就能知道香味對夜生活的情趣頗有助益。

這款江戶時期的線香究竟是什麼味道呢？對喜歡香氛的我而言，只能實際試試看了。

令人好奇的香材是什麼呢？？

《原材料》

- 丁子：2.3克
- 甘松：2.3克
- 紫梢花：4克
- 白檀：6.5克
- 附子：6.6克
- 五八霜（黑燒蝮蛇）：6.5克
- 麝香：20克

・龍腦：4克

・海豹腎（海狗鞭）：4克

我在重現時，稍微調整了原來典籍中的原材料份量。

根據江戶時代的製香法，需要用煉蜜把這些材料揉勻後，裝進陶器埋進地下，但因為我住的地方沒有能埋東西的場所，所以這次就把材料和紅楠粉、水拌勻，採取自然乾燥法。

這次最讓我覺得不甘心的，是沒辦法弄到海狗腎。海狗腎是把海狗的陰莖和睪丸乾燥後製成的藥材，但海狗鞭非常稀少，要買到一副更是困難。

我死馬當活馬醫，到處亂問，有好幾天裡，我都不斷自言自語：「蛋蛋……好想要蛋蛋……」。後來我發現東京都內只有一家店在賣，但那家店一根海狗鞭就要賣六～七萬日圓。因為實在太貴了，只好放棄。

然後，我覺得很丟臉的是，我最近才發現，當時準備重現用的材料時，應該準備的是「附子」，我卻買成「香附子」，還把它調進了香裡。雖然名字只差一個字，但內容可是完全不同。文獻中的「附子」，根據《神農本草經》（嘉永七年，一八五四年）記載，是一種烏頭屬植物的根部。烏頭屬的植物，在過去時代的日本，曾被用於狩獵時的箭毒。現在市售的附子，如果像我這樣的素人買了，只要搞錯份量就可能造成中毒事故，所以如果當時在買材料時知道它有劇毒，我可能也會放棄購買吧。

至於我買錯的「香附子」，則是莎草科中名為香附子的植物。江戶時期，負責送信的飛毛腿們，頭上戴的又輕又通風的斗笠，據說就是用香附子做的。香附子的精油中有許多帶有甜甜香氣的成分，現在也常被用來製香。焚燒時會散發很香的味道，所以我也看開了，誤打誤撞用了香附子，說不定也是因禍得福？

從海外弄到紫梢花

另一個買的時候很棘手的材料是「紫梢花」，我是從查資料弄懂這個紫梢花到底是什麼東西開始的。

雖然知道它是什麼了，但在日本卻找不到有賣的地方，最後決定千里迢迢，從中國的阿里巴巴網站購買。

這就是紫梢花（圖13），不是拿來磨腳皮的浮石喔。所謂的紫梢花，指的是一種生於淡水的海綿。過去可以在日本的琵琶湖、日光的大谷川等水域採集，但現在還有沒有，就不清楚了。

把這種淡水海綿磨成粉，就會變成有如玻璃狀的細纖維。如果把這塗在私處，纖維會刺激皮膚，又痛又癢，所以被拿來當成興奮劑。要是塗在粘膜上做色色的事，那裡的粘膜就會變得又癢

圖13 從中國寄來的紫梢花。長得好像浮石。

又燙，想必會讓對方更想要強烈的刺激，變得更加激烈吧。

這種紫梢花並沒有味道，令人期待加進線香裡是否也有催淫效果。

春畫酒吧的常客「黑燒蝮蛇」也是材料

至於「黑燒蝮蛇」，我也曾在不定期舉辦的「春畫酒吧」中當成菜單端上桌。順帶一提，這是從東京都千代田區的「伊藤黑燒店」購買的（圖14）。

黑燒是指把蔬菜或動物燻烤後製成的產品。經過黑燒的材料不易腐敗，不會發霉也不長蟲，不但利於保存，燻烤後的材料可以磨成粉末，具有容易吞服的優點。我的社群平台粉絲中，也有很多人說小時候為了治尿床，被阿嬤餵了動物的黑燒粉，據說截至數十年前為止，在日本鄉村仍常被當成民間偏方使用。

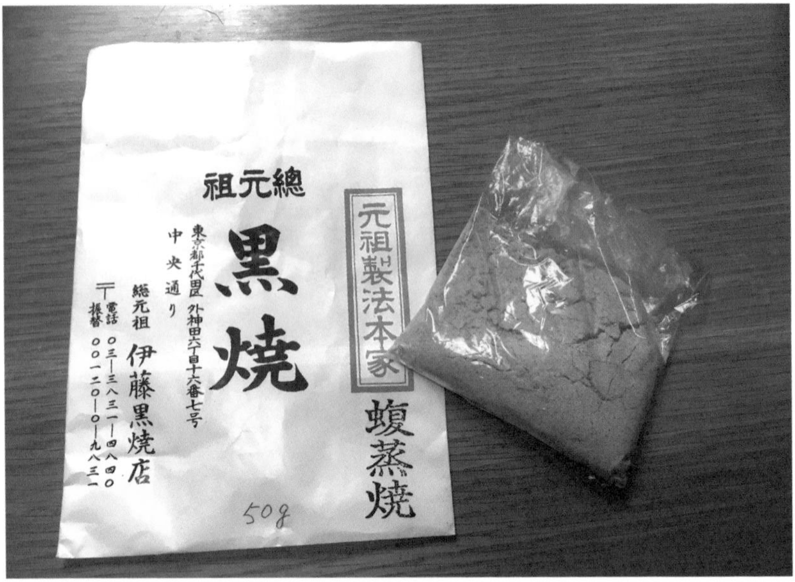

圖14 蝮蛇的黑燒粉，散發一股魚腥味般的味道。

「聞起來就像很腥的魚粉！」

得到這種感想的黑燒，能給人帶來的效果當然是滋養強壯。

光是五十公克，就要價四千日圓左右。好的，這股腥腥的魚粉味，會怎麼反映在線香的味道上呢？

混合材料搓成形

接下來就是量好材料，並把它們拌勻。

星期五的晚上，我不跟任何人碰面宅在家裡，一邊喝著平常因為酒量太差而不太能碰的酒，一邊製作江戶時期的線香，也算是別有一番風味。

最後不能忘記的是，也要加入「麝香」（圖15）。

適度加入一點在線香專門店買到的麝香液體，在所有原材料中，這個麝香的味道最讓我覺得療癒，好想一直聞它。

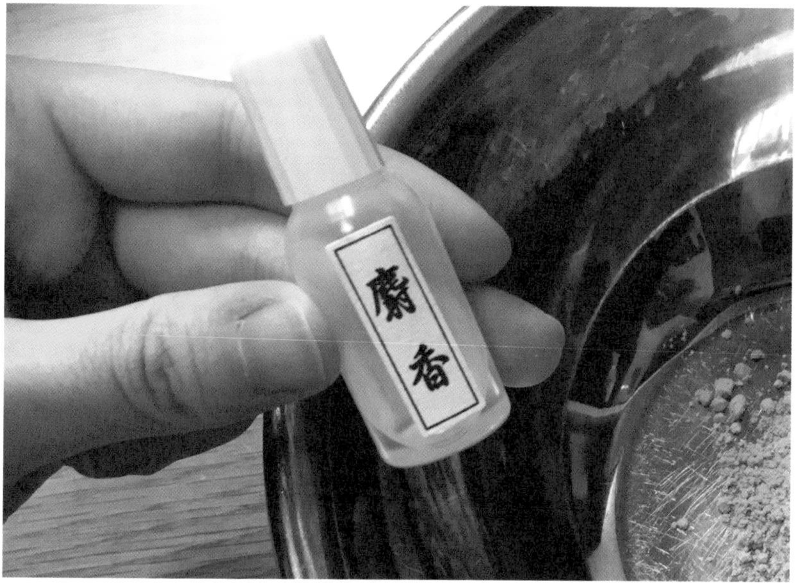

圖15 聞起來甜甜的又很讓人安心。

把所有磨成粉的原材料跟紅楠粉以五：五的比例混合，加水後揉到耳垂般的硬度。

我一邊摸自己的耳垂，一邊調整香團的硬度，接著把硬度恰到好處的香團，搓成自己喜歡的形狀，並排在紙箱上等待水分蒸發，慢慢陰乾。最後完成的成品如圖（圖16）。

形狀看起來是有點那個啦。哎呀，能點得著就不是問題了。

點火前，先是龍腦那股獨特的香氣刺激著鼻腔，黑燒的味道幾乎感受不到。比起額外多加了不少的麝香，按配方用量的龍腦反而成了主角。因為配方裡也加了些不該用在線香裡的材料，聞起來總覺得有股燒焦味。

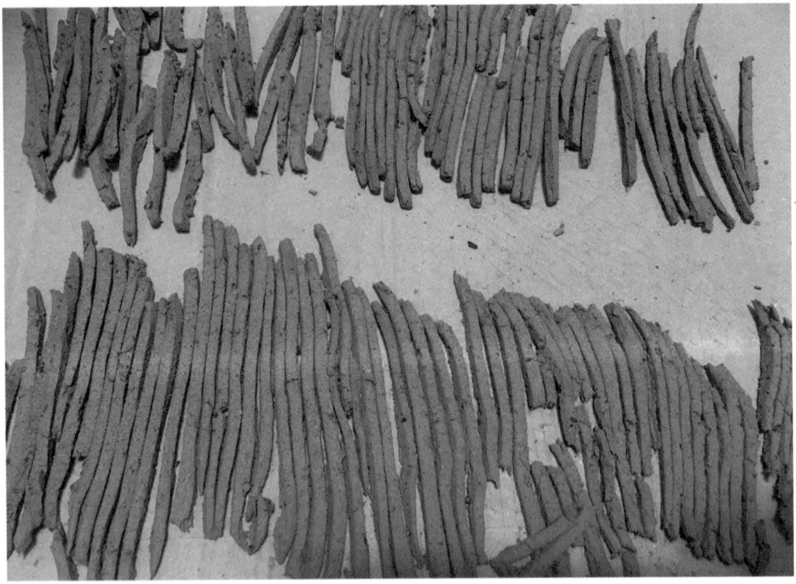

圖16 我在自宅大量生產的線香。

燒起來是什麼香味？

因為放了很多香木系的材料，聞起來是非常沈穩的木質香。

友人的感想是「很亞洲的香味」，但硬要說的話就是廟裡的香味。不對，但是，不知道是不是因為加了蝮蛇的黑燒跟紫梢花，就一款點燃時應該不讓對方發現的香而言，存在感也太過強烈了（畢竟還有燒焦味）。我有種不該在廟裡點這種香的感覺。

它就是一種這麼難以言喻的線香。（圖17）。

而且，在點火前後的香味完全不同。

令我意外的是，燒完後留在房間裡的殘香，是一股幽微的麝香，讓整個房間的空氣都變得清淨又柔軟。我個人反而覺得燒完後的尾韻，更讓我心神飄搖、蠢蠢欲動。

我覺得，用這款香的情境，不是「偷偷在床邊點

圖17 聞起來有一點焦臭味，不知道是不是因為加了蝮蛇黑燒粉導致的？龍腦的香氣也讓鼻子麻麻的。

了這種香，趁著聊得情投意合之時抱緊對方，就能創造有如讓整個腦袋都融化般的甜蜜關係！」，應該比較像是不動聲色地在床邊點香後，當對方自己發現房間充滿了未曾體驗的香氣，問你：「喂，這是什麼香味？」時，回答：「這個香加了蝮蛇黑燒和能讓粘膜癢癢的紫梢花，是我費盡心思做的線香」更有效果吧。比起什麼浪漫不浪漫，對方可能只會覺得這個人還滿有趣的。

就算對方沒有按照計謀變得心癢難耐，或許也會心想：「他竟然想跟我做到幹出這種事（笑）今晚就給他吧。接下來的發展說不定會很有趣。」

如果伴侶來到你的房間，不妨偷偷點燃此香，在快感的餘韻中，兩人將被線香燃盡後的幽微柔香包圍。我覺得偶爾過過這樣的日子也不錯。

07

「性器官是人的第二張臉」？從江戶時代流傳下來的私處與外表的關係

性器官是「第二張臉」

閱讀艷書時，我有時會覺得性器官就是當事人的「第二張臉」。春畫中描繪的性器官，就是彰顯了如此顯著的個性。

以下是我個人的想法，不管是臉孔再怎麼熟悉的人，只要脫了衣服，讓那話兒彈出來時，我都會不禁在心裡喊著：「哎呀！初次見面！」，總有種想要有禮貌地好好打聲招呼的想法。平常毫不張揚、藏身在雙腿之間的性器官，初次見到時卻有種見外感。明明就是很熟悉的伴侶身上的一部分啊。

不過，第一次跟性器官好好打了照面後，就會漸漸跟它混熟，在數次相處之下，彼此都對那兒的長相有了感情，甚至還會替它取小名，好好疼愛它（咦？你們不會做這種事嗎？）。

那裡是大是小，呈現什麼色澤，這類話題從數百年前就是人們最愛的，與之相關的興趣和煩惱無窮無盡。

我們都想要靠臉來判斷性器官的樣子

圖18 《會本妃女始》
（喜多川歌麿，1790年，國際日本文化研究中心藏）

這張圖片是著名的浮世繪師喜多川歌麿《會本妃女始》（寬政二年，一七九〇年）中的插圖，描繪了長相各異的男性們（圖18）。在他們的臉旁，寫著具有這類面相的男性，身上會長著什麼形狀的玉莖。

從最上方開始依順時鐘順序說明，

（1）雁高疣玉莖之相

擁有只要跟他交合過一次，

就會終生難忘的男根

（2）腎張麩男根之相

這種人精力旺盛，擁有會在陰道內膨脹，無論寬窄都能縮放自如的男根

（3）上反大玉莖之相

擁有最能讓婦人歡喜的最佳男根

（4）越前黑陰之相

插進陰道時才會露出龜頭，擁有龜頭附近柔軟、觸感絕佳的男根

（5）八寸胴返之相

擁有讓未經人事的女性想要逃走躲起來的巨大男根

所謂的「越前」，就是現代人說的「包莖」，但不知道為何畫中人呈現一副很困擾的表情，或許包莖真的讓他很苦惱。

八寸胴返的巨根男性臉朝向側面，他有個非常高挺的大鼻子。大鼻男的雞雞也會很大，這個迷信到現在依然很有名。不覺得畫裡的人看起來表情充滿自信嗎？

「長這樣的人，就會有這樣的性器官！」一類的圖畫，在江戶時期的春畫中俯拾皆是。

真的假的？外表和那裡的關聯性

溪齋英泉的《閨中紀聞 枕文庫》中，也有關於性器官與身體之間的有趣記述。

其中的〈陽莖陰戶之傳〉一項，寫了男根與身體的關聯，以下選摘一部分。

自腮至顎，乃至頸筋，皆與男根關。（省略）金甲櫝（鼻翼）開、腮高者，淫頭必大也。頸筋粗者，男根亦粗。（省略）頸筋有黑子，陰必有黑痣。色情強者，淫氣匯聚，於陰生痣。

簡單整理就是：「從臉頰到下巴一帶，以及脖子，都跟男根有很強的關聯。鼻翼較寬的人，通常顴骨較高，龜頭也很大。脖子粗的人男根也很粗。脖子上有痣的人，男根上也會長痣。色情慾望強的人，性慾能量會匯聚在男根上，於是就長痣了」。

我是平成年代生的人，但也聽過許多人說鼻子跟男根尺寸有關。我做夢都沒想到這種傳說的源頭，竟然也寫在江戶時代的書裡。恐怕這些跟面相有關的記載，是受到古代中國一帶的出版品影響，但這樣一來，人們講述長相和性器官關聯性的歷史，極可能非常悠久。

一般認為出版於幕末到明治之間的《濡濕雨夜採菇記》中，也就身體部分和性器大小的關聯做了以下論述：

若以外表判斷男女之陰陽，如大鼻者陰莖就大，大足女子陰門即小等，方法形形色色，然無論何者，皆不準確。

翻譯成白話文就是，

「如果從外表想像男女性的性器官，大鼻子的男性陰莖就會大，大腳的女性陰部則會較小，坊間流傳各式各樣的方法，但沒有一個準的」。

讀到這句話，就能知道從古至今，一直存在著試圖從「眼睛看得到的部分」判斷「看不到的部分」的想法。所以直到近代，才終於出現像這篇文獻般寫出「沒有這種關聯唷！」的出版品。不過在這本《濡濕雨夜採菇記》中，後面還繼續寫了性器官與身體的關聯。

但有一法，百觀不互。欲知陰門樣貌，應觀口型。口唇緊者，陰門亦緊。口闊者陰門寬，唇薄者陰肉薄。下唇突出者，陰口下長；上唇厚者，肉峰亦高。無一例外，無與口型異。

也就是說，「但，有個唯一確定的資訊是：如果想知道女性器官的形狀，就要觀察嘴巴的形狀。如果嘴巴小而緊緻，性器也會比較緊；嘴巴大的人，性器也會比較寬。嘴唇薄的人，性器的肉感較薄。下唇突出的人，性器官入口的下半部較長，上唇厚的人，下面的肉也會比較厚。幾乎無一例外，局部的形狀與口型相當一致。」

結果還不是在講身體跟性器官的關係嘛！讓我只能這樣吐槽了。

我個人對這套長久流傳的「身體與性器的關聯性」，向來只是當成一種茶餘飯後的聊天哏，但以前在我不定期舉辦的春畫酒吧中，曾聽到一位來賓講了段有趣的話。她說：

「如果發現喜歡的男生，應該都會很想面對面觀察，藉以知道對方的雞雞長什麼樣吧？我才不想要等到上床以後，彼此才在心裡暗想『不是這個人！』（笑）所以我都會在碰面時，從對方身上的味道，以及這個人讓我覺得心裡舒不舒服，來判斷床上合不合拍。然後說到床伴的性器官，就我的經驗而言，脖子的粗度和長度真的會跟男性器官有關！雖然以前常聽人家說拇指和鼻子和那邊的尺寸有關，但以我個人的經驗，一定是脖子啦～～～」

她是這麼說的。

原來如此，是脖子啊。

確實我另一半的脖子跟臉比起來，確實是比較粗……我站在吧台邊，一邊回想著他的下面。

他並沒有特別做什麼激烈的重訓或運動，脖子天生就長得比較粗，然而他那根的直徑，跟某企業調查的「日本人陰莖直徑數據」一比，確實比大多數人的直徑要粗……這大概是巧合吧。

這些跟性器官有關的小道消息，數百年來就是這樣被人們當成娛樂和迷信在討論的吧。

這麼一說，我又想到曾在電視上聽某名嘴說過：「那個人總是對任何事情都很強勢，他一定擁有一根相當大的雞雞。這就是所謂的『毫無根據的巨根』。」我被這個哏成功逗笑，但同時又很奇妙地覺得可以理解。不難窺見，人們不只認為性器官跟面相有關，甚至連跟性格都可以產生關聯。

哎呀，不管是大是小，只要是長在喜歡的人身上，不管怎樣都會對它產生感情的。

08「命運的紅線」，其實本來是「紅繩」？咦，而且還是「大麻做的線」？

用紅繩子把兩人的腳綁在一起

兩人裹著棉襖，一起吃著貝鍋，這是《粹蝶記》（文政十一年，一八二八年）中的一幅插圖（圖19）。

「我與你的命運，到底繫得多深呢？這一定是前世的約定」

「我強烈的願望上達天聽，能像這樣兩人不分晝夜地盡情待在一起，真是太高興了，高興得無法自已」

這本故事描寫了美少年「菊彌」和房東小妾「阿大」之間跨越年齡的禁斷之戀，其中出現了「赤繩」一詞。

圖19 《粹蝶記》（歌川派風，1828年，國際日本文化研究中心藏）

古來貞女歸義夫，是為天緣；美人嫁才子，此乃奇遇。世間有淫婦頻換夫，亦有多情男子遍賞群妻。夫婦之赤繩，乃月老所繫。

大家知道嗎？那條繫在小指和小指間，命運的「紅線」，其實源自綁在兩個人腳上的「赤繩」故事。

聽到「小指纏上紅線的命運伴侶」，許多人應該會有很浪漫的想像，但在過去，用的不是絲線而是繩子，綁的部位也不是手的小指，而是腳。也就是「腳上綁著紅繩子的命運伴侶」。

赤繩的故事，一般認為源自唐朝李復言的志怪小說集《續玄怪錄》（或作《續幽怪錄》），出自第四卷中的〈定婚店〉。

有個叫韋固的單身青年出外旅行，在月光下遇見一個老人，老人倚靠著一口大袋子，正在讀書。韋固問老人讀的是什麼書，老人回答：「我正在查天下的婚緣。這個袋子裡裝的是赤繩子，我只要把它綁在男女的腳上，即使他們生於仇敵之家，身份相隔懸殊，位居距離遠如吳楚的異鄉，只要綁了這條繩子，都無處可逃。」並帶韋固去看了他將來的結婚對象。十四年後，韋固果然如老人的預言般，和那名女性成婚。

這個赤繩故事，後來也在江戶時期的典籍中出現，作為男女宿緣的象徵。「月下老人」（或稱「月老」「月下老」），被當成司掌婚姻之神，在後世文學作品中登場，在《粹蝶記》中，「赤繩」象徵「緣分」、月老則是「結緣之神」，被當成讓讀者聯想到夫婦宿世緣分的詞彙。

書中兩人黏得如膠似漆，一邊用身體互相取暖，一邊說些「我們兩個，一定是從前世就結下緣份了吧」之類的閒話。

這本《粹蝶記》，即便用現代的眼光來看也非常有趣，兩人年齡差距甚大，愛情這條路該怎麼走，之後的發展更是揪緊了讀者的心。途中還出現一位年輕貌美、名叫阿好的女孩，阿大該怎麼辦？菊彌最後會選誰……？大概就是這樣的內容。

現存的《粹蝶記》文獻，在國際日本文化研究中心的資料庫中，中間的篇章是缺失的。而ARC古典籍入口資料庫所藏的中卷，因為被太多人翻閱，翻頁處紙質劣化，呈現破洞的狀態。我想這本書一定非常受歡迎，讓很多人愛不釋手。

「我們之所以會相遇並結合，一定是命運」

「從人海中找到我，並喜歡上我，謝謝你」

像這樣打從心底感謝兩人相遇的奇蹟，無論古今，都是屬於戀人之間的崇高對話。

咦？紅線原來其實是大麻線？

我閱讀江戶時期的典籍，發現這套月下老人的故事被很多地方引用。所以總覺得現代的紅線，由來應該就是這個故事，現在也有認同這種說法的出版品。

不過，命運紅線的由來，除了月下老人的赤繩外，還有另一種說法。

有天早上，我一邊準備出門上班，一邊看著YouTube，看到一個採訪大麻博物館的影片。大麻博物館是一座以「大麻這種農作物」為主題，在二〇〇一年於栃木縣那須開館的私人博物館。博物館的主要活動是收集與大麻相關的資料、遺物，並進行調查和資訊傳播。

影片在介紹博物館賣的紀念品時，拍到了一種名叫「結緣繩」的商品，是把大麻線染成紅色後編成的吊飾。Youtuber問館長說：「這個商品為什麼要叫結緣繩呢？」，館長回答：「傳說中用來綁住情人的紅線，也就是命運的紅線，它的本體其實就是大麻搓成的線。由來是《古事記》中的三輪山傳說。」

咦？紅線是從月下老人的故事來的吧？

雖然其他研究者的書裡也這樣寫……但我還是動搖了。我在看完YouTube那週的星期六，慌慌張張地衝進國會圖書館。

《古事記》的紅線故事雖然和原典略有出入，但大致上如下：

第十代天皇、崇神天皇在位時，大和國（現今的奈良縣）山腳邊住著一位人美心也美的公主，名為「活玉依毘売」。不知從何時開始，每天晚上都會有個壯碩的年輕人造訪公主的居處，並在天亮前離開。但公主卻不知道這位年輕人來自哪裡，也不知道他是誰。

終於公主的雙親也發現有人夜夜跑進公主房間，問公主那個人是誰，但公主卻也回答不知道。於是公主的雙親告訴她，趁著今晚那個人到來之前，先在房間裡灑滿紅土，並把麻線捲成球，在線頭穿針，等到那個人要回去的時候，把針插在他的和服下襬。

那天晚上年輕人也來到了公主的寢室，公主趁他要回去時，把針插在他的衣服上。早上公主起床，發現線球只剩下三小圈，麻線穿過門的鑰匙孔向外伸去。公主發現年輕人竟然是鑽過鑰匙孔離開，大驚失色。她心想，只要循著這條線找，就可以知道年輕男子是從哪裡來的，於是出門一邊收線一邊走。結果她從山腳一路爬上山，線的另一端竟連著山頂神社的殿內。

公主這才明白，每晚來跟她恩愛的壯碩年輕人，竟然是山的主神「大物主命」。為了紀念麻繩只剩下三圈，後來這座山被稱為「三輪山」，活玉依毘売與大物主命也結為夫婦。

「麻」是過去支撐著日本人的衣食住的農作物，但這個字指的其實是「大麻」，在《古事記》中出現的麻線，就是用大麻纖維紡成的線。

我一直不知道月下老人用來綁人腳的紅繩子，是在怎樣的背景下變成細線的，心裡一直抱著疑問，但《古事記》的這段內容，就很接近現代的紅線了。

順帶一提，別名狂訓亭主人的為永春水，在他寫的言情小說《春色梅兒譽美》第八卷中，描述藤兵衛戀慕阿蝶的場景時，也用了「他竟不知這是姻緣一線牽」的句子。

由此可確認，江戶時期的出版品中，描述男女姻緣時，會同時使用緣分的「線」和月下老人故事中的「繩」兩種表現。

09 人們為什麼要使用性玩具？

情趣玩具是為了誰存在的？

在這一話中，我想要聚焦在「裝在男性身上的性玩具」上。我調查了一下江戶時代的人們是如何自慰的，根據當時書中的描述，如果砸重金，確實可以買到非常高級的性玩具，但應該也有很多人選擇不花錢，利用手邊的材料自己加工，下點工夫替自己找樂子的。

裝在男性生殖器上的性玩具大致可以分為兩種，分別是「男性用來自慰用的道具」，以及「交合時使用的道具」。

首先，男性用來自慰的性玩具中，最具代表性的是稱為「吾妻形」的產品，也就是現代說的「飛機杯」。因為是把男根插進去使用的，裡頭的觸感好不好、有多接近實際插入女陰時的感

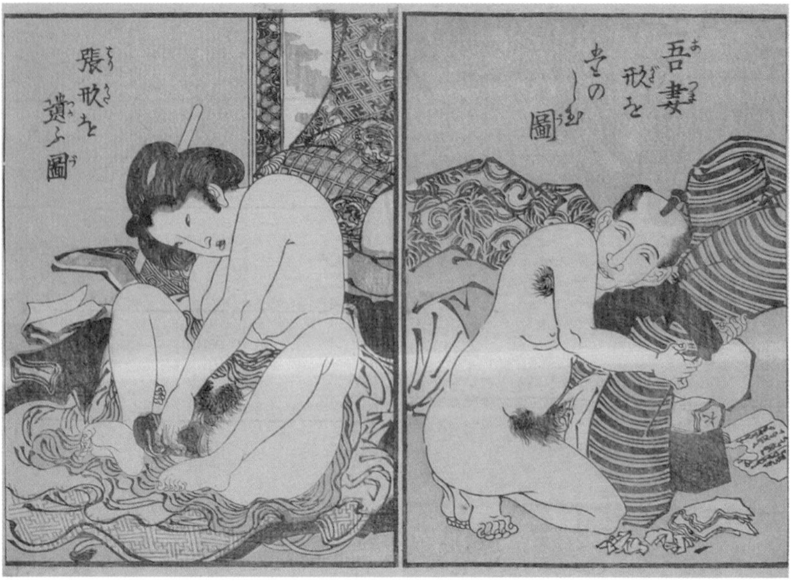

圖20 《閨中紀聞 枕文庫》（溪齋英泉，1822～32年，國際日本文化研究中心藏）

受，就非常重要。

左邊插圖中，男性插進圓蒲團裡使用的道具，就是「吾妻形」（圖20）。這種產品當時在兩國的一家叫做「四目屋」的店裡有賣。「吾妻形」在當時似乎是相當主流的性玩具，在許多性典籍中都有介紹。

不過在專賣店裡賣的「吾妻形」，大部分都是用玳瑁製造，並在內側鋪滿天鵝絨的高級品。

實在很難想像，江戶時代住在大雜院裡的單身男，能輕輕鬆鬆就跑到店裡購買昂貴的吾妻形。應該也會有人認為用手擼不夠勁，於是開始用手邊材料自製吾妻形吧。在許多江戶時期的出版品中，都介紹了速成的「吾妻形」製作方法。

在《陰陽淫蕩之卷》對吾妻形的說明中，也寫著手工吾妻形的做法。翻成白話文如下：

一個人睡的時候，要是厭倦了打手槍，就可以使用

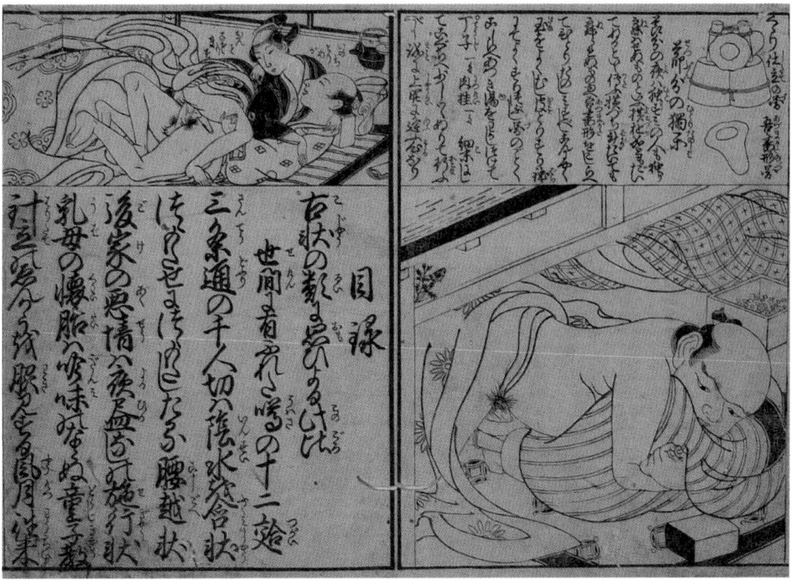

圖21 用蒟蒻球做成的飛機杯（右上）。《新童兒往來萬世寶鑑》（月岡雪鼎，年份不詳，國際日本文化研究中心藏）

叫做吾妻形的道具。如果手邊沒有這種吾妻形，可以利用天鵝絨材質的刀套或煙斗套，如圖般把內側翻到外面，塞進兩頭捲起的棉被間，再用繩子把棉被的上下端綁緊，抱著棉被使用。

另外還有利用食物當替代品的方法。

根據《全盛七婦玖腎》（天保十年，一八三九年），可以在蒸透的香瓜上頭切個小口，把種子挖出來，再把性器官插進切口中進行抽插。據說香瓜瓤的皺褶感，很接近女性的陰道壁。

其他還有像是把劃了刀口的蒟蒻加熱後使用的方法，更高級的，甚至還會教讀者怎麼把蒟蒻球塑形成正式的飛機杯。

《新童兒往來萬世寶鏡》（出版年份不詳）中，就介紹了這種非常費工的蒟蒻吾妻形製作法（圖21）。

蒸透蒟蒻球，剝皮後搗碎，如圖般捏成吾妻形的形狀。使用前先用熱水泡暖，在吾妻形內側塗上磨細的丁子、肉桂各一錢，使用時的感受將有如真正的上開（指舒適感絕倫的女性器官）。

如果像插畫中的男性般，抱著棉被使用固定在台子上的吾妻形，應該可以享受一段更加愉悅的時光。閱讀許多介紹吾妻形使用方法的性典籍，有許多都建議讀者把棉被捲成抱枕般的形狀，並把吾妻形塞進棉被卷的縫隙中，男性則俯抱著棉被卷，搖動腰部。

「人為什麼要做愛？」人與性玩具的關聯性

至於那些所謂「讓對方舒服的性玩具」，也就是交合時男性套在生殖器上的道具，我覺得非常有趣的是，無論材料或設計，都是些讓人覺得「這些對男生而言應該一點都不舒服吧？」的東西（能不能讓女性舒服也令人質疑）。

我之所以會這樣說，是因為這些東西要不就是玳瑁殼製的，要不就是把乾燥芋梗一圈圈纏在男根上（圖23右），盡是些會隔絕私密處觸感的東西。例如套在陰莖部分上的鎧形（或稱胴形，圖23左），或是罩在龜頭上的甲形（圖22右），還有兩者合體的鎧兜形（又稱姫泣形）等等，就

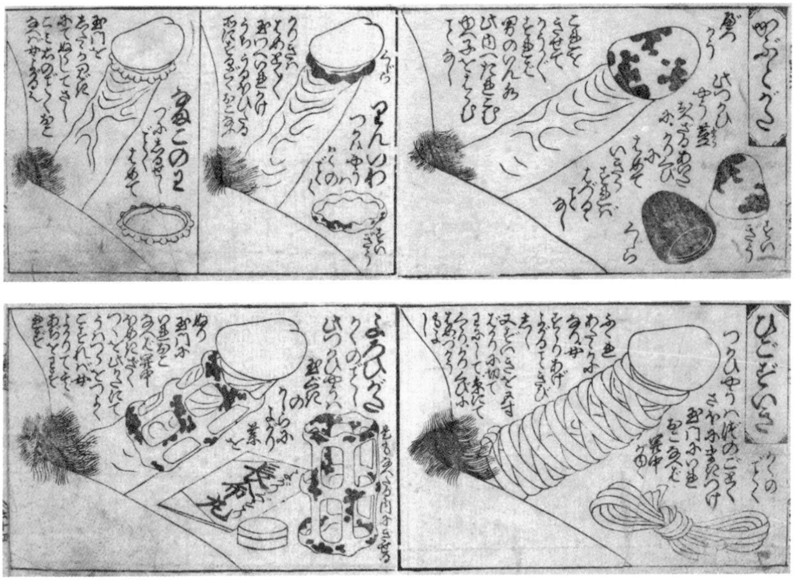

圖22（上）、圖23（下）《艷道日夜女寶記》（月岡雪鼎，約為1769年，國際日本文化研究中心藏）

算是前述供女性用的張形，只要尺寸夠大，也可以套在男根上，來讓那話兒的尺寸升級。

蘇雲齋千醉在《男女懷寶 禮開節用集》（出版年份不明）中寫道，張形只能讓女性感到愉悅，對男性而言，用起來不痛不癢，更遑論快感了。「這些性具不過是為了讓無法勃起的老人，可以看著女性敏感的表情而自我滿足用的。能正常勃起的男性用它，真是一點也不好玩！」。

根據《艷道日夜女寶記》的記載，「甲形」的材料可以是「水牛角」「玳瑁殼」「鯨鬚」等，因為設計成包覆龜頭的形狀，所以書中說，男性的「淫水」會被包在甲形的內部，具有防止流進陰道裡的效果（圖22右）。

我手邊收藏的明治時期性玩具，跟我在江戶時期史料中看到的設計，幾乎沒有什麼變化。大英博物館有收藏一套放在木盒裡的日本性玩具組，我的收藏和那

圖24 內側做成能卡住龜頭的設計，不易脫落。「甲形」（約為1901～39年，原著者藏）

套館藏在外觀上幾乎一致，所以或許可以推測是明治時期的產物。木盒就像便當盒般隔成一格一格，裡面整齊擺放著姬泣輪、鎧形、甲形、琳玉（塞進陰道用的小球）……等各式各樣的性玩具（圖25）。即便到了明治時期，人們還是需要這樣的情趣玩具，市面上也有在賣。

明治時期製造的甲形，邊緣設計成能卡住男性龜頭的構造，不易鬆脫。但性器官的長相因人而異，要做出不易脫落的甲形，在製作時應該要先仔細測量、試戴、跟職人討論才對吧，要不然實際一戴，要是太鬆或太緊，不就派不上用場了嗎……我是這麼想的。

試著想像男性為什麼要在交合時戴這些玩意，應該也有想讓女性開心的動機在，但難道沒有像是「想看對方的反應」或是「想來場更特別的性愛」這類的好奇心嗎？古代造訪游女屋的尋芳客，似乎也很有這種想在女性身上實測一下的好奇心。

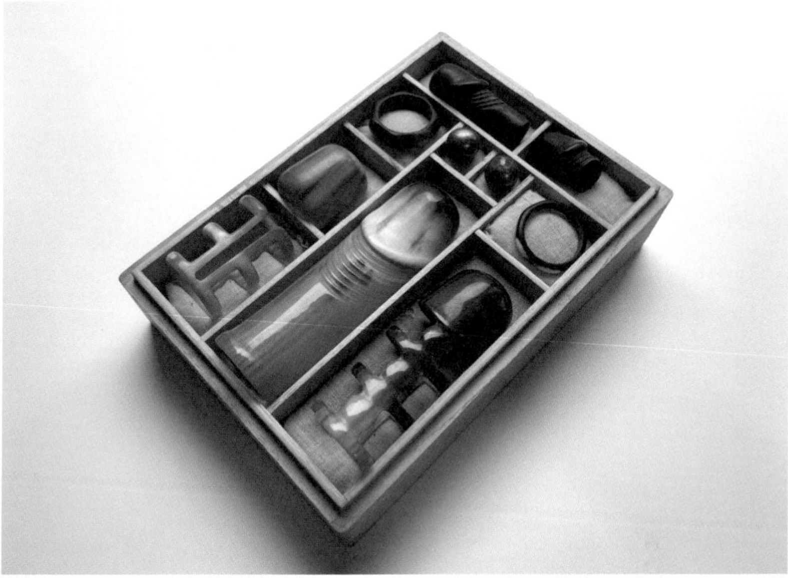

圖25 設計與江戶時代幾乎相同的性道具。這類道具似乎直到20世紀初期，都還有在製造。「收納於木箱中的性具」（約為1901～39年，原著者藏）

本家在京都的道後遊女屋「京窯」，內部流傳的密書《納構帖》中記載，這間游女屋嚴禁客人自帶性玩具進場。這應該是因為依照道具種類不同，有可能會讓女郎受傷。若要用，就只能用游女屋準備的道具。

根據《納構帖》，芳客要是願意在游女身上砸大錢，游女屋就會特別出借預備好的性玩具給客人。例如書中就有介紹把薄葫蘆乾纏在男性器上的交合方法。

首先讓客人站著，把薄葫蘆乾纏在陽具上。先在冠狀溝上纏一圈，莖身要纏粗一點，然後向龜頭纏去，在冠狀溝上繞一圈後，用力纏緊。然後再多纏幾圈莖身，在根部打結。塗上口水後，葫蘆乾會縮緊。陰莖插進女陰後，轉動屁股，讓它進出抽插。女方不用夾緊陰部，只要轉動屁股，上下擺動。這時，只要拉緊綁在根部的線頭，就可以束緊龜頭，達到像夾緊女陰一般的效果。

用薄葫蘆乾從冠狀溝纏著莖幹，綁緊男根的根部。然後在插入的狀態下，如同拉住馬轡繩般，拉緊葫蘆乾的一端，龜頭附近就會被束緊，帶來如同女陰夾緊男根般的感受。

像這樣利用薄葫蘆乾綁緊男根的玩法，應該是在游女屋工作的女性們十分熟稔的技巧，能讓客人在享樂之下覺得來游女屋玩真是值得，也就更願意花錢了。

在人們不斷追求交合的快樂下，各式各樣的性玩具從海外傳進日本並擴散開來，日本人也發明了獨有的性道具。這不僅代表了日本人對追求性的快樂相當積極，我認為也帶有日本人對和合之事的思維：「交合時為彼此考慮，讓雙方都能感到快樂，正是人生的無上之樂趣。」不過，也正因為能用來製作道具的材料有其限制，就算自己用起來不怎麼舒服，也會為了對方想用看看……背後或許也藏著許多這種左右為難。

而關於自慰，基於「利用手邊材料製作讓自己舒服的道具」這種動機，當時的出版品中介紹了許多利用簡便食材製作性玩具的提案。讀者只要去租書店把書借回家看，就能輕鬆得到這些資訊並實踐。

對生在江戶時代的男性而言，無論買得起／買不起昂貴的性玩具，去得起／去不起游女屋，在經濟階級差異之外，追求性之快樂的機會是很公平的。

10

如果江戶時代有保險套會怎麼樣？毫無根據的六種避孕法

江戶時期的避孕法和性病防治

在我推廣春畫相關資訊時，也聽到了不少當時的避孕方法和性病防治之道。

現代人會在更換性伴侶的時候去做性病檢查，女性會吃避孕藥，男性則是戴保險套，有很多可以考慮的選項。

但在江戶時代，人們認為可以用來避孕的方法，是什麼樣子的呢？前面曾介紹的江戶時期文獻《獨寢》中寫道：「若不想懷孕，就要把木棉果實燒黑，把其灰灑在燈芯上，並不斷煎煮牛膝草。或是把麝香塗在肚臍上，並在石門穴上點燃溫灸」記載了當時人們相信可以用來避免懷孕的方法。

先說結論，當時的避孕方法從現代角度看來，盡是些毫無根據的東西。在當年，如果意外懷孕了，有些人選擇採取危險的墮胎方法，最後母子雙亡；有些人則因為太窮了養不起，選擇殺嬰一途。雖然很多研究者會聚焦在「江戶時期對性很開放」的積極面上，但這些卻是建立在「生與死更加貼近人們的生活」的狀態上。

我調查文獻後，發現當時有這些避孕方法。

1 用熱水洗
2 在陰道裡塞紙
3 用唐皮（老虎皮）製作的避孕器包裹男根
4 在龜頭上套性具，或是綁緊冠狀溝
5 在女性器上放溫灸
6 服用藥物「朔日丸」

用熱水洗

伴隨江戶城下町的建設，從各地前來的人們聚居江戶，而這些人的背景幾乎全部都是武士或男性的職人。

在這男性遷移潮下，元和三年（一六一七年），庄司甚右衛門等人在駿府（現代的靜岡）開設的游女屋，獲得了幕府的認可，在葺屋町附近開設了花街吉原。明曆三年（一六五七年），吉原因大火燒毀，於是遷移到江戶的郊外，這座新的遊廓就被稱為「新吉原」。

江戶時代，無論有沒有官方許可，全國都有像這樣的風化區，各地都有以賣春維生的女子。

女郎（指在遊廓或旅店提供性服務的女性）在與客人交合完畢後，會到廁所排尿，並用熱水洗淨陰道，再接下一位客人。

這不僅是為了避孕，也是為了把前一個客人的精液痕跡洗掉，但這套「用熱水洗」的方法，在《陰陽淫蕩之卷》中的〈寫給遭眾男侵犯時的女心〉一項中也有出現。

《陰陽淫蕩之卷》裡說，當被一群男人襲擊時，不要抵抗，等到他們離開後靜靜回家，用熱水淋腰部和臀部一帶，沖掉大腿間的淫水（這裡指精液），洗完後再吃藥，好好調養身體。

在陰道裡塞紙

把粗糙的再生紙塞進陰道，這種方法通常是女郎在生理期接客時，為了不讓客人的精液流進陰道深處而用。

圖26 塞紙的方法。《實娛教繪抄》（戀川笑山，1865～68年，原著者藏）

有一種塞紙的方法是，把一張紙揉軟，在四個角落分別細細折出恰到好處的弧度，用唾液沾濕後塞進陰道（圖26）。

這種方法在一般女性生理期時也很受歡迎。江戶時期的人一旦遇到經期，就會用帶子與宣紙來製作預防經血漏出的屏障（圖27）。

不過這些屏障都是用紙做的，即便有厚度，也會很快吸飽經血。可以想像當時的女性在生理期間無法自在行動，非常不便。

所以，塞紙的方法不僅在女郎間流行，在住在城鎮裡的一般女性之間也頗為盛行。

不過，這裡使用的紙，可不是用來寫奉書的那種高級紙張，而是利用舊紙回收重製的再生粗紙。我手邊的江戶時期文獻，有些也用這種低級再生紙印成，這種紙張裡還會夾著垃圾或毛髮。把這種低劣的紙塞進陰道，真是極度不衛生，但這種用塞紙來阻擋經血的

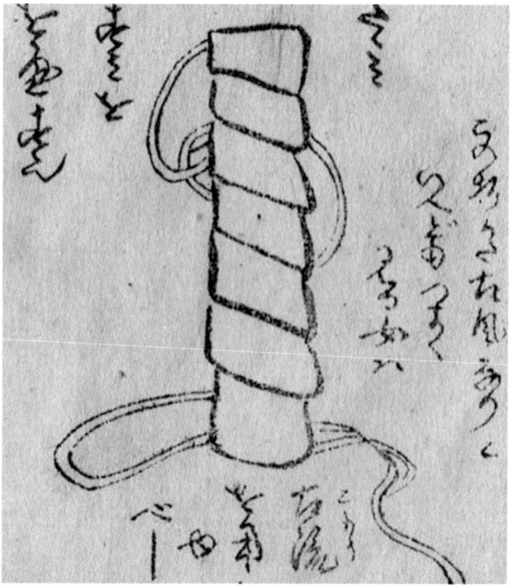

圖27 使用帶子與宣紙做成的阻擋經血道具。《實娛教繪抄》（戀川笑山，約為1865～68年，原著者藏）

做法，卻一直持續到明治時期。

此外，塞紙還被用來防止體液弄髒和服或被褥。江戶時期的春畫中，也有描繪夫妻在性交後睡著的場景，畫中甚至會描繪妻子的胯間垂出半張紙的樣子。這在春畫中是一種象徵完事的符號（圖28）。

使用唐皮做的避孕器

這種看起來很像保險套的避孕器，按照圖說，當時被稱為「革形莖袋」，或是直翻荷蘭語而成的「Roede-zak」。把用唐皮（也就是虎皮）製成的袋子套在男性生殖器上，據說可用來防止淫水漏進女性的性器中。

虎皮從戰國時代至江戶為止，都是獻給大名的供品，自古以來被當成寶貝。虎皮不僅會出現在繪畫中，《鳥獸戲畫》中也有「實寸有如豚鼠之虎」，圖中畫了隻可愛兔子，身上卻披著讓人想吐槽的虎皮。由於日本沒有野生老虎，虎皮都是進口貨，所以價格高居不下。

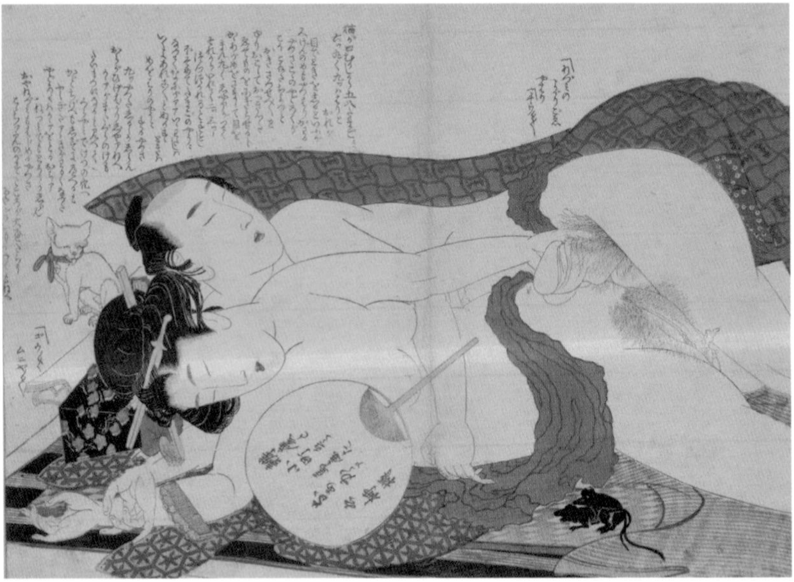

圖28《事後的雛形》（葛飾北齋，1812年，國際日本文化研究中心藏）

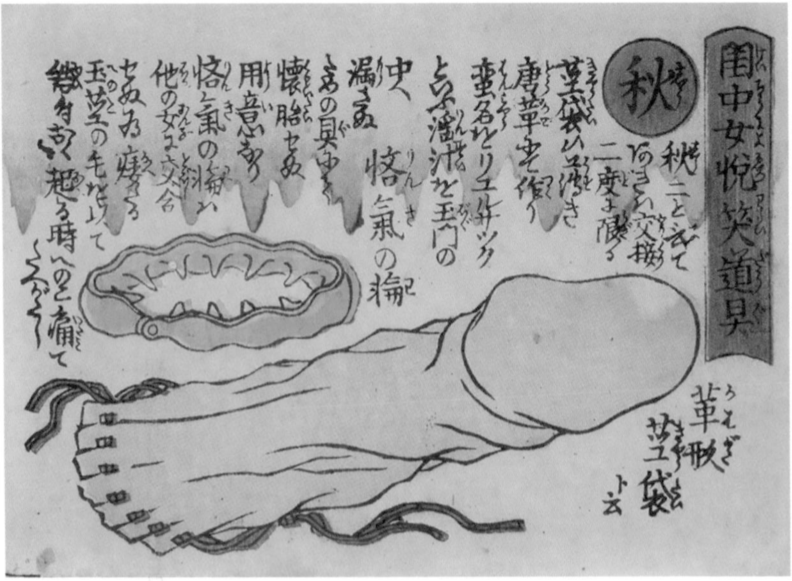

圖29 唐皮製的保險套（右）。左方的「吝氣之輪」是為了防止男人跟其他女性交合，而裝在陰莖上的貞操環。（溪齋英泉，年代不詳，國際日本文化研究中心藏）

關於這種虎皮製的避孕器，除了這幅插圖外，我目前還沒看到過其他相關史料，所以也不知道當時實際上有多普及。但畢竟虎皮堅韌到可以用來當馬鞍或腰撐，與其說它是保險套，我的腦中反而浮現守護重要部位免遭敵襲的防具形象。

以前，我曾讀過一篇關於天鵝絨製吾妻形（現代的飛機杯）的說明，裡頭就提醒使用者，因為布料如果弄髒了容易留下污漬，所以不要射在裡面。

虎皮製的避孕器也一樣，如果射精後用水洗過再重複利用，實在是極其不衛生，而且無論男女，應該都會因為皮革的觸感而感到不快吧。

在龜頭上套性具，或是綁緊冠狀溝

這種避孕法是在交合時利用玳瑁殼或水牛角製成的性具（指性玩具或道具）。性具的形狀有兩種。

1　用環狀物勒緊龜頭，讓精液不從馬眼滲出的方法（圖30）

2　用甲形包覆龜頭，防止精液流進陰道內的方法（圖24）

圖30 應該是用來箍緊龜頭，讓精液不要從陰莖裡漏出來的「海鼠之輪」。（約為1901～39年，原著者藏）

北尾重政的《艷本色見種》（安永六年，一七七七年）中，曾介紹「海鼠之輪」和「姬泣輪」這類環狀的性具，書中描繪了聽說這些道具有助避孕的女性，喜滋滋地把它們套在男性的龜頭上的場景（圖31）。根據圖說，這名女性聽人說這種性具可用來避孕，所以想要裝在性伴侶身上。

另一種稱為「甲形」的性具，可以套在龜頭上，當時的人認為這樣可避免精液漏進陰道，所以可有效避孕。

馬眼（龜頭的開口）的確是被性具包覆，所以精液或許比較不容易流進陰道，但這種做法既不能預防性病，而且能包覆的部位也只有龜頭部分，實在無法期待其避孕效果。

在女性器上放溫灸

溪齋英泉的《閨中紀聞 枕文庫》中，寫了一篇〈預

圖31 畫中人為了避孕，而在龜頭部分套上環狀的性具。
《艷本色見種》（北尾重政，1777年，國際日本文化研究中心藏）

防懷胎點灸法〉。

> 世間傳聞，有宮中奉仕者私通，交合以至懷胎，竟以流藥墮之，傷身者眾，甚有不期殞命者，不可謂不悲。此人若預於玉門口一寸上，點三灸火，貫以七日，即可一生免於懷胎。然，生涯無能懷胎，非女之本意。應慎於淫情，謹用此灸。

書中寫，許多在屋敷奉公（指在宮中或大戶人家做事）的人，因為私通而不小心懷孕了，於是吃了墮胎藥，卻丟了小命。所以作者建議可以用熱灸來避孕。只要在女性器的開口上方一寸（約三公分）處點燃三個灸，持續七天，就可以讓人一生不孕。

在說明文的最後寫道，「但一生無法懷孕的這種選項，實在不該發生在女性的身上，如果不是極度嚴重的事情，實在不應該選擇這種方法」。本來在屋敷奉公之人，就應該慎於性交，雖然說不要性交就不會懷孕了，但這種建議也不太可行。

避孕之灸在歌川國芳的《當盛水滸傳》（文政十二年，一八二九年）中也有出現（圖32）。這本艷書教的方法，卻不是把灸放在陰部，而是置於肚臍下方。書裡說，女性如果「在這裡點灸，這個嘛，就是一種讓人不懷孕的咒法」。看起來過去確實曾經存在讓人不孕的熱灸。

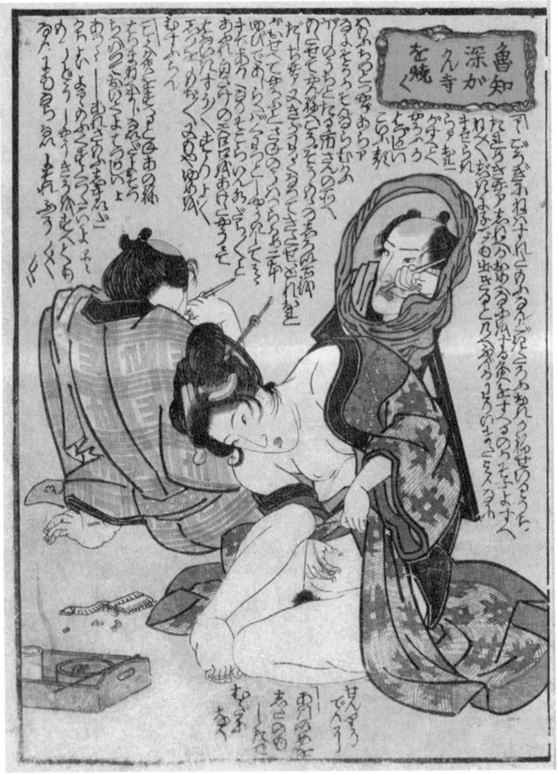

圖32　《當盛水滸傳》（歌川國芳，1829年，國際日本文化研究中心藏）

不過春畫的圖說寫的是「咒法」。包含其避孕效果在內，當時的人對這套方法到底有多信任，實在也很難說。但要是抱著「如果不會中獎就好了」的僥倖心態做愛，實在也是拜託別這樣了。

服用江戶時期的口服避孕藥「朔日丸」

江戶時期有一種專門幫人墮胎的婦科醫生「仲條」。

當時，仲條還會賣一種叫做「月水早流」的促進墮胎藥。不過因為也有很多不想生小孩的女性希望能避孕，所以為了這類女性的需求，市面上出現一種名為「朔日丸」的避孕藥。

據說，只要在每月一日服用此藥，就可防止懷孕，這種藥簡直讓人想說「絕對是騙人的吧！」，但我怎麼查都查不到它的成分。

根據渡邊信一郎撰寫的《江戶女子月華考》，當時的梳子店裡還會寄賣這種朔日丸。畢竟女性如果親自跑去仲條醫生那裡買藥，馬上就會傳遍街頭巷尾，購買的心理難度的確很高。但如果去梳子店買，看起來就跟平常去買梳子的客人沒兩樣。無論是仲條醫生還是梳子店，真的都很會做生意呢。

還有一種迷信偏方是吞燈芯。艷書《三味線十二調子》（天保七年，一八三六年）中，描寫有夫之婦要跟小王苟且前，從和服的袖袋中掏出了某物。這是被紙包住的兩條燈芯，這名女性為了施展避免懷孕的咒法，而把這條燈芯吞進肚子裡，還用井水送服。

把用來點火的燈芯吞進肚，絕對不可能有避孕效果。但這種不知道是不是真的有效的方法，反而會讓人覺得總比什麼都不做要好。如果當時的人會肆無忌憚地傳播這種錯誤訊息，大概也是因為對性很開放的日本，對避孕也非常寬容吧。

正如江戶時期的性典籍中寫的，交合也有象徵人生至高喜樂的一面。但在其背後，不被期待的懷孕和性病，確實也讓許多人喪失性命。

做愛前要確認彼此沒有感染性病，並且做好避孕措施。

如此理所當然的常識，在江戶時代卻尚未確立。在把「和合」奉為人生至高喜悅的江戶時期，如果人們使用的不是迷信咒法，而是採用更確實的避孕方法，想必就能享受更加幸福的交合之樂了吧。

11 喜歡上某人，就要把「老鼠蛋蛋」拿去陰乾……？從江戶到現在，人們都喜歡許願

江戶時期的戀愛魔法

「家貓要是跑出去了，把逃跑當天的日曆用墨塗黑，貓就會回來」
「拔掉鬍子後塗白蜜，就不會再長」
「把老鼠糞作成黑燒，用芝麻油調成糊塗在頭頂，頭髮就會再生」

江戶時代存在許多的「咒法」。

在江戶時期的文件中，「咒法」寫作「呪い」。但這跟憎恨對方為目的的「詛咒」是兩回事。「咒法」既蘊含了人們祈求安心和幸福的願望，也包含了想要從日常生活中的詛咒中解脫的心願。

以下我將從《閨中記聞 枕文庫》中摘錄幾種與戀愛有關的咒法。

讓心上人喜歡上自己的咒法

〇使人傾心之傳

十一月十二日、正月五日（但為元日）、七月七日，於子時向北，捕雄鼠，裂其腹，取其腎臟，陰乾後藏入袖中，男左女右。即遇之人，必思慕之。

子時就是晚上十一點至凌晨一點之間。在這段時間，朝著北方，抓來一隻公老鼠，割開牠的肚子，取出腎臟並陰乾。把這個腎乾塞進袖子，男人塞左袖，女人塞右袖。使用這個咒法，就可以讓第一個遇到自己的人愛上自己。

想要在現代實驗這個咒法，得先在半夜去老鼠會出沒的地方，一邊擔心會不會被警察當成怪人盤問，還要一邊專心找到公老鼠。

說到頭來，要切開老鼠的肚子未免也太恐怖，而且就算成功了，也不知道腎臟在哪裡。而且要我在自家陰乾老鼠的內臟，拜託還是別了吧。

這套「使人傾心之傳」還有後續。

另有一說，於十一月子日捕鼠，待夜子時，取鼠陰囊陰乾，縫入黃絹袋，藏於臂處。云曰可使所思之人傾心，甚為奇妙。吾於名曰《獨寢》之草紙見此事。

十一月的子日（農曆中干支屬子的日子）抓來老鼠，在當晚的十一點至凌晨一點之間取出老鼠的睪丸陰乾，裝進黃色的絲製袋子中，縫在和服的手肘處，就可以與暗戀的對象兩情相悅，據說是這樣的一種咒法。

英泉在文中提到的文獻《獨寢》，似乎也記載了跟老鼠有關的咒法，所以我也查了一下，但資訊從頭到尾都只有英泉在文中寫的一句「名曰《獨寢》之草紙」，所以現在是不是還留存著這本書，我半信半疑。

我在ROIS-DS人文學公開數據共同利用中心於網上公開的資料庫中，偶然發現標題相同的典籍，在不知道這是否就是英泉說的那份文件下姑且讀了，結果發現竟然賓果！真是太幸運了。《獨寢》是一個叫柳里恭的人寫的，出版年份不詳的雜文集（現傳的只有手抄本，真是珍貴）。在這本書的尾聲，終於找到我要找的段落了。

「找到了啊啊啊啊啊！！」

我真是太開心了，我每天犧牲睡眠時間拚命瀏覽，棉被上到處散亂著書稿的影本，這瞬間真是感覺辛勞有了回報。

有以鼠製媚藥之事。《南宮從約嘍神書》曰，十一月十一日或五月五日、七月七日、正月元日，於子時向北方，取鼠之雄，裂腹陰乾之（男左女右）。尤，陰乾之物為鼠之腎臟（鼠之腎為何物，裂腹觀之便知）。如右所述，男藏左袖，女子則藏於右袖，其效出人意表，女將思男。

說實在的，花了這麼多時間，換來的資訊卻只有這麼一點點……但所謂的史料就是如此，探索的過程中，枯燥的時間壓倒性地長。

文中甚至出現「只要割開老鼠的肚子，大概就會知道腎臟在哪了啦！」這種有點沒責任感的施咒說明。當時應該會出現不少隨便的人，心裡想著：「反正也不知道哪個是哪個，就把所有內臟都曬乾好了！」。

畢竟都喜歡一個人到會想把陰乾的老鼠蛋蛋縫在衣服裡了，就算戀情看起來是托蛋蛋的福而成功，但就結果而言，不該歸功於當事人的努力嗎？看完這些內容，冷靜一想確實是如此。但要是對江戶時代的小魔法認真就輸了。而且也不可以隨便抓老鼠先生來取腎臟或蛋蛋。

我自己當然沒有實踐過這些跟老鼠有關的咒法。不過大學實習時，曾經解剖過幾次老鼠的肚子。用剪刀剪開被麻醉睡著的老鼠肚子，日光燈照在被肋骨包覆的內臟，反射出緋紅色的樣子，我真是一輩子都忘不了。要取出老鼠內臟真是太難了。而且，腎臟到底在哪裡，我到現在也還是不知道。

發現女性變心的咒法

至於判別女性是否變心的咒法，做起來也相當繁複麻煩。

○顯露女子外心之法

遁甲書曰，取向東行馬蹄踏之土，密隱於女子衣中。其女心將化為詞現，女有外心時，不問自知。是實為秘法。

這個咒法是，找來往東方奔馳的馬踩過的土，偷偷藏進女性的衣物之中。這樣一來，她的內心想法就會自然化為話語吐露。就算施術者不問，也能知道對方有沒有變心。

要把馬踏過的土塞進女性的衣服裡，難度未免也太高了。

或許有人會為了能知道意中人的心到底在哪裡而決定一搏，但偷偷把土藏進女性的衣服裡，

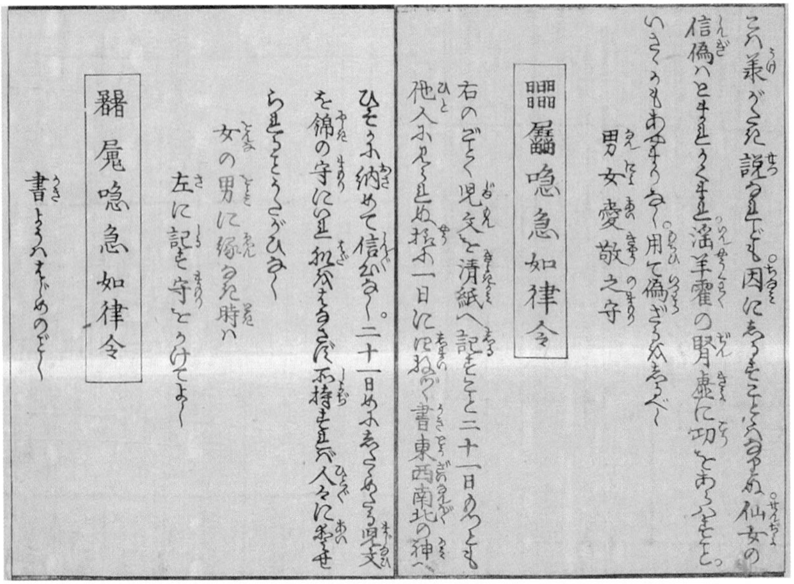

圖33 《閨中紀聞 枕文庫》（溪齋英泉，1822～32年，國際日本文化研究中心藏）

這是要是被發現了，搞不好反而會斷送緣分。具有如此高風險的咒法，確實該被當成秘法沒錯。要實踐的話，真的就是個人自己負責了。

想被大家喜歡的時候，試試這個咒法

如果想變成萬人迷，這種叫「男女愛敬之守」的護身符據說很有用（圖33）。

> 右記呪文，記於清紙，二十一日，背他人眼，日書四枚。懷信心，密奉於東西南北之神。將第二十一日之呪文封於錦囊，肌身不離持之，無疑將獲眾人之愛。

在二十一天間，每天把右邊框框裡的咒語抄在清淨的紙上，每天寫四張，偷偷獻給東西南北的神明並祈禱。然後把第二十一天抄的咒文封進錦布做的護身符裡，隨身攜帶，就一定會被大家喜歡，是這樣的一種咒法。

光從這種咒法的存在就能看出，古代人也有著想被眾人喜愛的心願。不知從何處出現的咒法，反映了人們的願望，於是漸漸傳播到各地。

這次介紹的咒法，都是只有行動力超強的人才能辦到的法術。不知道是不是只有我這麼想，但如果想知道女性有沒有變心，直接開口問她不是更簡單嗎？但或許就是因為事情沒這麼簡單，才會讓咒法得以出現，某些人們只能以此為依託，祈禱著心願有一天會實現。

12 有可能把對死的恐懼轉化成笑料嗎？

古代中國的房中術認為，男女交合的最終目的，是長壽與健康。經過這個步驟，可以把性伴侶高潮時的精氣採納進自己的身體，化為能量。

近世日本的性典籍中，也有受到古代中國房中術影響的部分。例如，在房事中經由女性的口腔、雙乳、玉門，採收其陰氣，化為長壽與健康之源的方法，就是來自中國的影響。日本的男女和合，目的不僅是長壽或健康，更與子孫繁榮、人生喜悅有關，具有「和合一事值得祝賀」的價值觀。

觀察交合的歷史，雖然這好像是理所當然的事，但所有的前提都建立在活人之間的性行為上。如果與屍體或死者交合，既不會帶來長壽，也跟子孫繁榮無關，所以在把活生生的男女交合當成目標的性典籍或教材中，幾乎不會提到這類案例。

不過接下來我想讓各位讀者閱讀的春畫主題是「與死亡的交合」。

自古以來，日本人對死亡、生產等事就帶有「穢」的意識。這個穢的定義和解釋，依研究者而異，例如讓人類感官上不快的東西（屎尿），或是佛教、神道教中忌諱的對象等等。十世紀成書的古代法典《延喜式》中記載著關於穢的律法中，就有提到孩子們結手印當成遊戲玩的「切穢式[3]」，當時的人認為只要接觸死亡或生產時的穢，就會被傳染。

認為穢會傳染開來的這種感覺，也傳承到江戶時期的社會。

例如松浦靜山在隨筆集《甲子夜話》中提及當時流行的麻疹恢復法，根據書中說的，如果要治療麻疹，最重要的是要讓身體帶有清淨之氣，接觸污穢之氣會使病情惡化。這些污穢的例子包括「產婦」「服喪者」「月水（生理期）的婦人」「食穢之人」「房事」等等。

對於死，人們明明就有「穢」的意識，但在以「可喜可賀」和「笑料」為主題的春畫中，竟然也會描繪死亡場面，讓人感受到當時人們內心的矛盾。

選擇死亡主題的春畫，難道是真的把這當成「笑料」嗎？

3 原文為「えんがちょ」，原意是「剪斷緣（穢）之事」，是一種簡單的咒法。當接觸不淨事物時，手結手印，口喊「えんがちょ！」以避免遭到穢氣感染。自古流傳在兒童的遊戲中。

圖34《逢夜雁之聲》（歌川豐國，1822年，國際日本文化研究中心藏）

一生無法實現的戀情。妳已經變得冰冷。

有一個在湯灌場[4]工作的隱坊（以埋葬死者為業的人），有天碰巧負責處理一位剛往生的女性，他在女性的生前一直暗戀著她，因為覺得這份戀情終生無法開花結果，而一度死心了。

我從以前便戀慕此佛（指亡者），然而自知無果，於是放棄了戀心。然而，聽聞她昨天死去，便暗心期待，決定要在湯灌時抱她一回。不管她是佛還是幽靈，都無法忍耐。喂，聽我說啊。我從很久以前就一直對妳著迷了。即便如此，女陰還是已經變得冰冰涼涼的。想要整根插到底射精，但她的身體卻黏答答的。不過，女陰還是她的女陰，在這違背倫常的情境下，我終於得償夙願。

這幅春畫是歌川豐國《逢夜雁之聲》（文政五年，一八二二年）中的一幅圖（圖34）。男子無視曾經心愛的女子已經死亡，為了實現長年來的心願，便與她的遺體性交。他的同事來看他工作得怎樣了，卻沒有得到回應，覺得不對勁，於是在外頭偷窺湯灌場裡的動靜。女屍雙眼緊閉，纖細的四肢無力垂落。但無論死後的身姿變成什麼樣子，對他而言，這都是他長久以來一直愛著的那個她。

有本雜誌介紹這幅春畫為「戀屍癖的極致」，但這位男性絕對不是因為她是屍體才喜歡，而是因為在她生前的暗戀無果，他放棄死心後，卻偶然得到了接觸遺骸的機會，才情不自禁選擇了與之性交的行為。

他所說的「不管她是佛還是幽靈，都無法忍耐」這句話，表示不管對方是清淨之佛，還是讓人聯想死之穢的幽靈都沒有關係，顯現了他不管形式是什麼，都想要跟生前一直深愛的對象交合，這股願望有多麼強烈。

我私藏的文獻中，也有一張描繪與屍體性交的春畫（圖35）。這本《論語通解》，是伊藤晴雨自行撰文的圖文集，但當時被當成禁書，據說晴雨甚至因此鋃鐺入獄。昭和五年（一九三〇

4 為死者清洗身體的地方。

圖35 《論語通解》（伊藤晴雨，1930年，原著者藏）

年）曾經限定出版了五十本，但其後隨即被當局取締沒收，可說是一本極具稀有性的夢幻文獻。

在這本書中，有一篇叫做〈仕甲斐百迄仕舞百迄〉的故事。

故事的大綱如下，有一個叫做後悔坊（諷刺《隅田川續佛》的登場人物「法界坊」）的托缽僧，愛上名叫阿核（陰核的諧音）的少女，竟然在三圍神社的鳥居前把少女綁架來強姦多次，最後殺了她，並把屍體埋在寺廟後方的墓地裡。

在這之後，後悔坊甚至還想把少女的屍體從墓裡挖出來姦屍，沒想到少女的肉體竟復活了，頭部還變成男根狠砸後悔坊的頭，把他給殺了。

後來，後悔坊和阿核二人都變成怨靈，到處作祟驚嚇密會男女，甚至逼他們殉情。故事的結尾有一個名叫有德的高僧，出來辦了超渡法會，這兩人的亡靈才得以解脫。

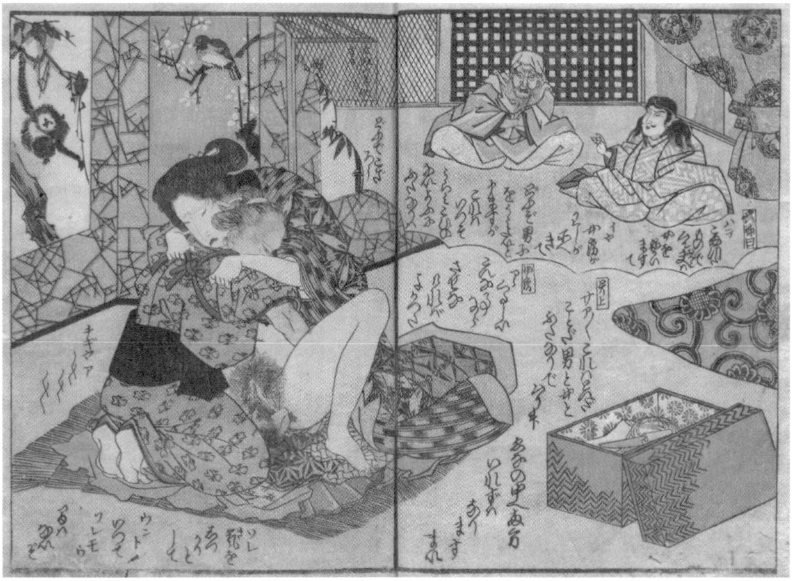

圖36 《繪本御積盃》（歌川國虎，1826年，名古屋大學附設圖書館）

與死者性交，別說和長壽、健康有關了，據說反而還會沾染極度強烈的穢氣。我想像在當時的讀者眼中，是怎麼看待跟死亡交合這件事的，想必會對「跟屍體做愛的人」感到強烈的穢氣，並產生歧視感吧。因為就像我先前說的，生理上的嫌惡感也會被當成「穢」的對象。那麼，「從歧視觀點產生的笑料」中，還會帶有什麼其他的意涵呢？

春畫中描繪的不只是性興奮和笑料，還會有引發人們好奇心的內容。在這些好奇心當中，還包含了人們嫌惡的不倫、強姦等社會禁忌，以及自古以來被當成穢的東西。

我疑問的是，即便穢的價值觀存在，當時的人是否帶有「不可以輕易觸碰穢之領域」的禁忌眼光。

春畫中，描繪身著腹帶的孕婦和丈夫一臉幸福地性交的場景，真是一點都不罕見。在歌川國虎的《繪本御積盃》（文政九年，一八二六年）中，甚至畫了沾滿血的嬰兒從女陰探出頭來的生產畫面（圖36）。

從民俗史的視角來看，妊娠中的女子是帶有不潔之氣的。而就江戶時期的產穢、血穢觀點看，生產的場面，明顯是充滿穢氣的狀態。然而，春畫裡卻畫了這些場景。這樣一想，畫師企圖震驚讀者的那股娛樂性，實在令人驚艷。我非常想知道，當時的讀者到底對生產或孕婦的春畫有什麼感想。說不定因為這些穢氣畢竟是畫中物，不會殃及讀者自身，所以反而不會勾起讀者對穢的厭惡意識吧。

如前所述，春畫中也會描繪強姦圖、不倫現場等社會禁忌主題。這些被稱為「笑繪」的春畫，與值得祝賀的和合天差地別，畫師就是利用了「笑料」，來排除人們對這些事的嫌惡和社會禁忌感。這就是「從歧視觀點中誕生的笑料」。這些春畫，以戲謔手法表現不被社會接受的狀況，來喚起「我可不會幹這種事，這張畫裡的人都是白癡」的輕蔑感情，是一種黑色幽默。

聽到笑料二字，第一個想到的，可能是讓人們感到幸福的事物，但有時笑料也會用於將某些特定對象排除到社會之外的目的，把它當成諷刺畫來看就能理解了。在某種意義上，描繪社會禁忌和嫌惡的春畫，有如獻給讀者的「活祭品」。既非被害者也什麼都不是的人們，藉由譴責他人（這裡指春畫中的人們）而得到快感，這當中還交織著性的背德感。而描繪這些，也是春畫的重要功能之一。

無論重生多少次都要愛你

這幅春畫是歌川豐國《繪本開中鏡》（文政六年，一八二三年）的插圖，取材自江戶時期

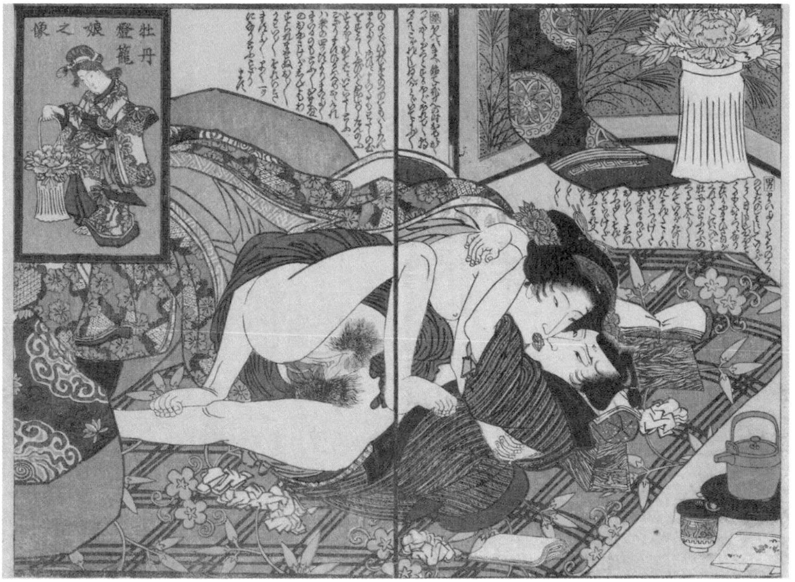

圖37《繪本開中鏡》（歌川豐國，1823年，國際日本文化研究中心藏）

怪談《牡丹燈籠》中的一個場景（圖37）。《牡丹燈籠》的故事原型，是中國明代的怪異小說集《剪燈新話》中的〈牡丹燈記〉，近世以來，有許多文學家以此為基礎，創作出各式各樣的故事。以下就從三遊亭圓朝所著的《怪談 牡丹燈籠》中選摘，介紹這個故事的梗概。

美男子浪人「荻原新三郎」，有天和頻繁出入旗本「飯島平左衛門」宅邸的醫生一起前往飯島家的別墅。別墅裡，住著一名叫做阿露的少女，她是飯島家的女兒，器量過人。阿露從小房間裡偷偷窺探這兩位客人的樣子，結果看到了新三郎。他極有男人味，人品亦佳，花顏月眉。阿露一見傾心，不禁打了個哆嗦。這是吹的什麼風呀！竟把此般秀麗男子吹來了！一股血氣上行，把阿露的耳朵都染紅了。

阿露從小房間走出來，向新三郎打招呼，新三郎也對阿露的美一見鍾情，感覺自己的魂像飛到了天外。新三郎告辭時，阿露含著無限情愫對他說：

「君若不再來，妾身將死」。

新三郎雖然也很想再見阿露一面，想得不得了，但他心中又有無限糾結，要是自己一個人去見阿露，被其他人看到了該怎麼辦……想著想著，竟過了好幾個月。結果，之前的那位醫生來找新三郎，告訴阿露因為過度思念他，竟然因相思病而死了。

盆月（農曆七月）十三日，新三郎正在準備張羅精靈棚[5]，正當他眺望月色時，突然聽見喀啦喀啦的木屐聲響。他看向聲音的來源，竟是年約三十、梳著大圓髻的婦人，手中提著縮緬細工布料製的牡丹燈籠。而在婦人身後，竟是髮型梳成文金高島田[6]的阿露，她在緋色縮緬製的長襦袢外頭套了秋草色的振袖，腰繫緞紋的繻子帶。

從那以後，阿露每晚都會來找新三郎，但有一天，新三郎終於意識到阿露其實是亡靈，嚇得發抖，在家裡貼滿了符咒。

阿露一如往常而來，卻因為符咒的關係無法與新三郎碰面，她想著郎君是不是變心了，每晚在門外啜泣，結果哭著哭著，符咒有一天就脫落了——。

我把春畫的圖說翻成白話文如下：

新三郎　「每晚每晚，我都期待妳的到來，但隨著日子過去，我也越來越怕寂寞，總是想要趕快跟妳合而為一。每天太陽西下，我最期待的就是牡丹燈籠什麼時候會出現。哎呀哎呀，今晚又一直去了，該如何是好。啊，真棒，棒得像要死了一樣。就是這個，我要繼續去了。啊啊，又要去了去了……」

阿露　「賞花時第一次與你四目相交，就喜歡你到真的全身發抖的程度，日夜焦慮的這份心思，終於傳到你心裡了。每個晚上，我讓衣服被秋草露水沾濕，帶著得償的心願來見你，請可憐可憐這樣的我吧。我會陪在你身邊直到你滿意為止，我也想要一直如此。我避開白天人們的視線，每晚的四更（十點）來找你，只是因為對你的愛至死不渝。你真是太可愛了。來吧，我要去了，要去了。好想趕快跟你合為一體」

每個夜裡，黑暗中亮起燈籠的亮光，新三郎的心就會因她的到來而雀躍。但翻到春畫的下一頁，看到的卻是化為骸骨的「阿露」和衰弱的新三郎身影（圖38）。即便如此，他們還是很幸福。在他們的世界中，幸福在他們之間完結。

5　日本人會在盂蘭盆節期間，於神龕前擺設精靈棚，準備供品，供奉亡去的先人。
6　日本女子在婚禮時梳的傳統新娘髮型。

圖38 《繪本開中鏡》（歌川豐國，1823年，國際日本文化研究中心藏）

新三郎「喔喔，太棒了，太棒了。簡直就像要減壽一樣。就是這樣，又要去了去了。啊啊，要喘不過氣來了。我還要繼續喔。啊，去了去了去了」

阿露「求求你，我也是只要這樣就滿足了。就算重生轉世，或是化為亡魂，不管第二世還是第三世，我都會陪在你身邊，所以請絕對不要忘了我。啊，你真是太可愛了！」

新三郎滿懷愛意地抱著阿露的骨骸，逐漸變得衰弱。想要射進她體內的精液，在空中畫出空虛的弧線。插畫的留白處，寫著一休禪師的句子「藏骨之皮誰人迷？美人亦為皮之技（人人都會被外表所迷惑，但無論是誰，只要身上的皮相破滅，都是同樣的骨骸）」。

在圓朝的《怪談 牡丹燈籠》中，故事的結局是，平常照顧新三郎的觀相師白翁堂勇齋，來到了新三郎的家，發現門上的符咒早已脫落。勇齋翻開棉被，裡頭竟是面呈土色、緊咬牙根、像是抓著虛空般死去的新三郎。這和春畫中的描寫一致。新三郎的旁邊躺著一具骸骨，手骨掐緊了新三郎的脖子，而腿骨則散落地面。

在春畫中，不乏對知名故事的諷刺，或是妖怪等幻想生物。與先前介紹的《逢夜雁之聲》相同，作者豐國非常擅長在春畫中描繪讓讀者大吃一驚的題材。「強烈的性慾」，正是本書中介紹的《逢夜雁之聲》與《繪本開中鏡》的共通關鍵字。

恐怖的對象（血或死亡等等）和嫌惡感（屎尿等），都會讓人聯想到穢，但超越邪穢與死交合的行為，卻也能彰顯對對方的強大性慾。

在《逢夜雁之聲》中登場的隱坊，從知道心儀佳人過世的那刻起，就開始計畫著要跟屍體苟合；牡丹燈籠裡的阿露，也對新三郎一見鍾情。聽到一見鍾情，可能會聯想到兩個人浪漫的命運邂逅，但說得直接一點，一見鍾情其實就是對對方的性慾。

性慾強大到足以超越死亡這種人生最大的恐懼，在春畫中被當成「笑料」的要素。春畫中的登場人物，沒有用理性或社會的道德心約束自己，反而以原始慾望的型態，盡情散發無法克制的性慾。在這些人應該被當成社會排除對象的共識下，這些春畫才得以成立。

13

日本人為什麼要接吻？解構「接吻」

為什麼要接吻

關於人類接吻的理由，說法眾多。像是西洋學派認為「重現幼年時代喜愛的體驗」的假說，以及為了獲得幼兒吸吮母乳時，初次體驗到的安心感和愛的「母房喪失之重現」等等（Sheril Kirshenbaum，《親吻的科學》）。

在日本生活的我們，雖然不像歐美人會進行「當成日常招呼的親吻」，但我也認為，對我們而言，親吻的目的也是「愛的表現」和「安心感」。舉凡親在孩子臉頰上的吻，以及送另一半出門時的「小心慢走之吻」等等，形式可說是各式各樣。

調查日本的親吻歷史後，我更加認為，親吻同時包含了愛情表現和性的含義。

圖39《願之糸口》（喜多川歌麿，1799年，國際日本文化研究中心藏）

怎麼會有這麼多啊？接吻的隱語

「口吸」「口靠」「北山」「口中契」「口與口」「舌之曲」「口口」「九九」「呂」「口印」「手付」「刺身」「鳴吸」「取口」……這些全都是象徵「接吻」的表現。

為了思考接吻行為在近世中的意義，我先從查字典開始（總之先翻紙本字典的精神），就先因為代表親吻的詞語竟然比我想像中多得多，而嚇了一大跳。「接吻」這個口對口交疊的行為雖然都一樣，但依照情況不同，抱持的感情也會不一樣。以前的人會使用這麼多種詞彙，應該是為了表現在各種場面下的狀況，以及「當時想要傳遞的情緒」。

閱讀春畫的圖說，我覺得用得最多的，是「口吸」的說法。這個「口吸」到底是怎樣的接吻方法呢？我們不妨同時思考這個包含了「吸」的行為，背後蘊含

圖40 《風流艷色真似衛門》（鈴木春信，約1770年，國際日本文化研究中心藏）

的意義。

春畫裡的口吸

春畫中，會藉由描繪口吸的場面表現性愛。

喜多川歌麿的《願之糸口》（寬政十一年，一七九九年）裡，有張圖畫著游女與美青年客人交纏的場面，游女一邊讓白酒從陰戶流出，一邊伸出舌頭向客人索吻（圖39）。

客人說：「口吸後，倅（指男根）又有精神了」，似乎因為這一吸，讓他的開關又被打開了。有些對日本歷史有研究的讀者，或許會因為看到瀏海沒剃的青年竟然會是闖窯子的尋芳客，而覺得有點怪怪的，但根據一個很懂浮世繪的朋友說，重視外表虛榮的浮世繪，其實有時會故意把實際上是阿伯的客人，畫成年輕的美少年。但在《難波鉦》裡，也記載著年輕人到游女屋尋芳時，游女施展的各種精妙詐術。所以還真不知道歌麿畫這幅圖時的動機是什麼。

容我再另外介紹一張圖（圖40）。這幅畫的季節是秋天。在隔壁的蚊帳裡，年輕夫婦正在交戰。看到這副光景的老爺爺淫心頓起，對老奶奶說：「老太婆啊，快來吸口吧。來啊來啊，快聽那聲音」。正在點茶的老奶奶雖然很傻眼，卻一邊念叨著：「這死鬼真是，唉呀」，一邊回應了老爺爺的吻。坐在房間門檻上的小人「真似衛門」，則看著爺爺胯下那副跟南瓜一樣大的蛋蛋瞠目結舌。

以下是閒話，但日本的陰陽道信仰中有一種習慣，會收集「ふ」字開頭的東西，送給行運走到「有卦[7]」之年的人。因為「ふ」與「福」諧音。

在「根付[8]」中，也可看到許多福神、福良雀、蕗（日文ふき）等，名字以「ふ」開頭的造型。此外甚至還有提起裝滿仙氣的巨大玉袋（陰囊）的造型，所以當時的人們應該認為「袋」的「ふ」字也很吉利。

有了這些背景知識再看春畫就會發現，畫中的重點不只是老爺爺那大如南瓜的玉袋，更包括長年如膠似漆、感情和睦的老夫婦。是一幅用「袋（ふくろ）」和「夫婦（ふうふ）」雙重招福的春畫。

7 陰陽道中，以干支卜算流年的吉凶。人的一生行運，都會在有卦和無卦間循環，有卦是吉年，會持續7年；無卦是凶年，會持續5年。

8 江戶時代的衣服沒有口袋，人們會把隨身小物裝在皮革袋子裡，用一條繩子掛在腰帶上，根付就是用來把繩子卡在腰帶上的的防滑飾釦。

圖41 《婚禮秘事袋》（月岡雪鼎，約1788年，國際日本文化研究中心藏）

性典籍中的口吸

《婚禮秘事袋》（天明八年，一七八八年左右）是一本夾雜著笑料，記載了女婿的初夜心得和婚禮的書。在書中也介紹了「口取之圖（酒餚之戲）」這種接吻方法。

○口取之圖

口取之作法，乃男女伸上唇，上牙貼上唇內側，以我舌纏對舌，留心不觸齒，為之。尤，舐莖時，亦如右法。

用自己的舌頭纏住對方的舌頭，吸的時候要小心不要碰到牙齒，從這套說明可以看出，口吸的行為與其說單純是舌頭的交纏，還可細分為「吸的人」跟「被吸的人」。在其他性典籍中，也有像是「如扯下舌頭般用力吸吮對方舌頭」這般，向對方表現強烈熱情的技法，所以口吸這件事，並不是舌頭纏在一起就完工，而是要利用口腔的吸力，吸吮對方的舌頭。文末輕描淡寫地說：「舐莖（指男根）時，亦如右法」，但我更在意的是，當時有沒有人會把舔對方的牙齦（日文為齒莖）當成愛的表現。

這本書充滿了不正經的笑料，所以搞不好是故意寫得比較戲謔，但當時未經人事的少女們，說不定會看這類書來預習一番，以免在初吻時手足無措。但是，想像伸出上唇，舌頭互捲的畫面，兩個人的臉部表情應該都會變得很搞笑吧。

和口臭的對象做愛時該怎麼辦？

如果床伴不是那種讓人想積極大吸他嘴巴的對象，而是一名口臭的男性，而且還不得不做時，女生該怎麼辦才好呢？

有一份文獻中寫著避開對方口臭的方法。這是元治元年（一八六四年）出版的《男女狂訓 華美之香》，書中有段內容就是〈與口臭男交接時〉。這套方法靠的不是「閉氣」或是「用嘴巴呼吸」，而是逆向思考，盡可能讓兩人的肌膚貼得更緊。「對所有女性而言，跟口臭男睡覺都太痛苦了！」以此為大前提，書中介紹了讓讀者在盡可能不聞到臭味的同時，又能跟對方做得恰到好處的方法。

根據書中的描述，如果要一邊做愛一邊躲避對方的口臭，無論採取什麼體位都要抱緊一點，一邊說著「啊啊，好開心」「好喜歡你」，一邊用兩手抱緊對方的脖子，讓他無法跟你面對面。據說這是最能閃避口臭的方法。

書裡還說，這樣一來，不但能防止臉部慘遭對方的鼻息和口中熱騰騰的臭氣襲擊，還可以讓他覺得自己是一個深情女子，於是就會射得更快。等他射完了，男根從女陰中拔出時，依然不能看著他，而是屁股朝向對方，用一手擦胯下，這樣從頭到尾都可以不用聞到口臭，貫徹不正臉看對方的宗旨。

書中也說，要是恩客身患鼻腐（因梅毒讓鼻子潰爛）或眼疾等顏面疾患，卻又不得不演出深情款款時，這套方法也可當成女郎們接客時的SOP。這也不奇怪，如果有教人怎麼口吸的步驟教學，那就一定也會有方法，教人怎麼應付不想接吻的對象。

從嘴巴獲取對方的氣

《閨中紀聞 枕文庫》裡有一套叫〈三峯採戰〉的方法，教男性讀者怎麼從女性的口腔、鼻尖、乳房、陰部攝取陰氣，進而採納進身體補陽。

古人認為交合過程中產生的精氣，是長壽和健康的泉源，而這套方法正是一種攝取精氣術。女性達到高潮時產生的氣品質最高，所以男人要一邊吸吮女人的嘴巴，愛撫雙乳，藉著插入讓女性達到絕頂高潮。這時出現的氣，會經由口腔或男根導入男性的體內。

根據明代的房中術，女性的身體中共有三個部位會產生能當藥的氣，按照品質排序，分別為口內、乳房、陰道內採得的氣。交合時能獲得的「藥」，有可能以唾液、乳汁、精液、淫水，以及肉眼不能見的「氣」等形式出現，吸吮、吞下這些東西，就可以把藥攝取進體內。

以此為基礎，近世日本的「口吸」行為，不只是讓舌頭交纏在一起，簡直是在大肆吸吮對方的舌頭。這種認為可以把對方的精氣吸進自己體內的形式，無法否認是受了中國房中術的影響。藉由口吸，攝取對方的唾液和看不見的「氣」，被當成促進活力的方法，也是能帶來長壽和健康的行為。

先不管各位相不相信房中術的效果，但與心愛的對象接吻，的確可以讓人獲得活力，我覺得這是因為，我們真的從對方身上得到了肉眼看不到的「氣」。

豐臣秀吉也是藉由口吸的方法，從超超超～～喜歡的對象身上得到活力的其中一人。在他寫給如「掌中明珠」一般疼愛的親生兒子秀賴的眾多書信裡，寫的盡是他有多想好好吸一吸可愛兒子的嘴巴。

「待吾歸時，將吸汝口。又，吾留守時，汝口將奉何人？不忍思之。」

——等我回來，就要好好吸你的嘴巴。反正想必在我不在的時候，別人也會吸你那可愛的小嘴吧。

「待節供，必歸，取汝口」

——五月五日的端午節供，我一定會回來，那時再來接吻吧。

「及歲末吾歸時，將話何事？屆時再吸汝口，莫令他人吸之。吾深知汝事也。」

——年底我回去了要聊什麼呢？那時候再來吸你的嘴吧。在那之前不可以讓任何人親嘴喔。因為我太了解你是什麼樣的人了。

雖然不知道秀吉啾啾地吸著的，到底是秀賴的臉頰，還是那柔軟的唇舌，但從這些信件中，可以想像他有多溺愛兒子。

我認為吸吮心愛對象的嘴，一定可以從對方身上獲得肉眼不可見的活力之源。秀賴受到太閤秀吉百般寵愛，秀吉簡直覺得兒子可愛到想吃了他。想必秀吉也是藉由吸著秀賴的嘴，從中獲得滿滿的元氣吧。

14 重現並試用江戶時代的生理用品「御馬的摺法」

我曾讀過一篇網路文章說「江戶時代的女性就已經學會控制經血，所以月經來時會自己去廁所排掉。現代的女性就是太依賴高功能的衛生棉，才無法自己控制並排出經血。」這篇文章簡直就像在說，因為生活型態的變化和生理用品的發明，讓生活在現代的我們，胯下都變得懶惰了一樣，讓我情緒有點被勾起來。文章中所謂的「江戶時期女性」範圍實在太過籠統，而且也沒有提出任何可以佐證「江戶時代存在著控制經血的方法」的資料，完全不知道文章的作者到底是從哪裡獲得這種資訊的。

就我的調查範圍，我從沒看過江戶時期的文獻中，記載著任何在廁所排出經血的方法。我也正在找明治時期有沒有女性提出相關證言，但目前仍未發現任何可以控制經血排出的事實。這篇網路文章，不顧江戶時期也有為月經不順苦惱的女性，反而拿江戶時代的女性來跟現代女性比，認為前者比後者更健全。但也因為這篇文章，反而讓我對江戶時期女性的生理期情況，產生了許多疑問。

第一個疑問是，「江戶時期是用什麼來處理經血的？」，當然，江戶時代不像現代有賣吸收力強大的生理用品，所以當時的人都要用一些簡便的素材DIY，做點什麼東西塞在兩腿間吸收經血。

這一話，我將介紹江戶時代與女性生理期有關的史料，並以戀川笑山的《實娛教繪抄》（慶應年間，一八六五～一八六八年）為基礎，重現江戶時期的經血用品「御馬」，並分享實際的使用心得。

大約兩百年前，關於生理期的資訊跟現代有何不同？

文政五年（一八二二年）開始出版的溪齋英泉《閨中紀聞 枕文庫》，介紹了中日醫書等文獻資訊、秘藥的調配方法，以及性交的指南等等，書中塞滿了與性相關的各種資訊。

這本書對「生理」是這麼說的：

「幾乎所有女性，每個月都會有生理期。有人三天左右就會結束，也有人要四、五天，最長的大約會到七天左右。女性的身體每個月都會排出惡血（經血），讓體內變得清淨，這時就可以懷孕。在仍有濁氣的階段，即便與男子的淫水（精液）交會，也不會懷孕。在不清淨的階段，就無法懷胎。如果在月經過了七天的第八天交合，這時子宮會打開，一定會受孕。在一、三、五等奇數日受孕，就會生兒子；在四、六等偶數日受孕，則會生女兒。交合本來就不是用來療慰心靈用的。如果是為了懷孕而交合，就要選擇正確的方法。

生理期的女性，嘴巴周圍會泛黃。即便生理期結束，在接下來的五天內，仍有可能排出紅黃色的分泌物，這並不是濁血（經血）。陰部如火燎般發熱的狀態稱為『陽海』，這時交合必能受孕。

生理的期間大約為七天，其後的五天內，就是可以受孕的期間。

生理期間結束六天後，紅黃色的分泌物就不再出現，這時子宮封閉，無法懷孕。世上若有想要生小孩的人，也會有怕生太多小孩的人。無論哪種人，在交合時，都要參考這套說法。想要小孩的人，比照右述方法行事，就能像草木自然結實般喜獲兒女。此法極其有效，值得一試。」

原文中用了「經水」「月經」「月水」等詞說明「生理」。當時的人似乎認為，生理期結束後的五天內，子宮會打開，進入容易受孕的「陽海」期，這段期間過了一後，子宮又會封閉，

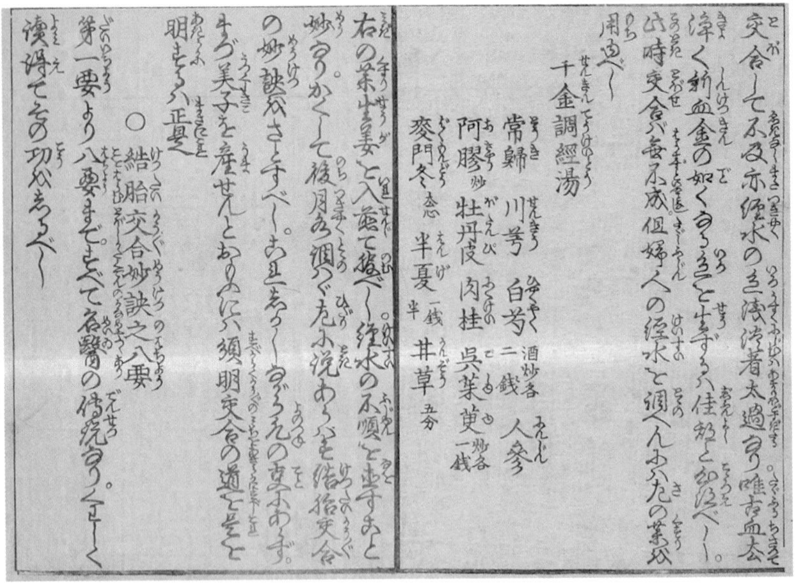

圖42 《閨中紀聞 枕文庫》（溪齋英泉，1822～32年，國際日本文化研究中心藏）

於是無法懷孕。至於書中提到生理期的女性嘴角會泛黃，我自己在生理期間，也常會有些不明原因的症狀，所以這些資訊應該是挺正確的。

此外，當時的人也認為，生理不順可能招致各種疾病，並不是好事。書中也介紹了一帖「千金調經湯」，據說把藥材與生薑一起煎了喝，可以處理生理不順的問題（圖42）。

當時對月經的看法是，女人在生理期處於被穢氣包圍的狀態，所以生理的煩惱並不是可以和周圍的人輕鬆討論的公開話題。然而生理期晚來，也很難判斷究竟是懷孕了，還是單純的月事不順，當時的女性真是太難為了。所以江戶時期應該也有很多女性想要想辦法改善生理不順的問題。

澤山美果子在《生產與身體的近世》中，從天明元年（一七八一年）到天保五年（一八三四年）之間，在負責管理津山城下町的町奉行[9]，以及負責戶政的大耆老留下的史料中，找出和懷胎屆（當時規定，在懷胎四個月內要提出的文件）有關的有趣紀錄。書中提到，如果町人太晚提出懷胎屆，或是搞錯懷孕月數、沒有提出懷胎屆就生產，就得另外寫理由書上繳，或是遭逢斥責。

在這些解釋為什麼怠慢了懷胎屆的理由書中，寫著「因為身體一直不好，總是生理不順，所以不知道到底是懷孕了還是生病了」「以為不是懷孕而是生病」等理由。關於這點，作者澤山女士希望讀者留意，正因為懷孕或疾病都可能造成停經，所以理由書裡的這些藉口才得以成立。她也指出，當時人們對月經的看法具有兩種意義：相對於規律的月經是健康女性的象徵，經水的停止，卻同時可能代表懷孕或生病。

這樣一想，《閨中紀聞 枕文庫》裡除了記載戀愛咒法、性愛指南、妊娠資訊，還寫了改善生理不順的方法，真是一本劃時代的出版品。因為如果是月經不順的專書，當時的女性應該會因為在意他人眼光，而不敢輕易從租書店借回家看，但如果像是《閨中紀聞 枕文庫》這種綜合資訊書，就不用擔心別人會知道自己出於什麼目的借書。

根據紀錄，這本書曾增刷數次，在當時是相當暢銷的人氣書籍。

9　江戶時代負責管理領地內都市行政、司法的人。幕府與各藩都設有該職位，但是一般所說的町奉行專指江戶町奉行。

試用江戶時期的生理用品

江戶時代的女子，只要迎來初潮，奶媽或母親就會教她們如何製作「處理經血的用品」。當時應該也有許多少女不知初潮為何物，某天卻突然被從自己的雙腿間流出的血給嚇哭，內心大為動搖吧。渡邊信一郎的《江戶女子月華考——探究江戶的褻之文化》中，就引用了一篇歌詠迎接初潮少女心情的江戶川柳[10]。

初花綻放時　竟於該處蘸菸草　引來大騷動
初花綻放時　竟想塗上止血藥　闔家大歡笑
沒啥好哭的　一碗忽然現眼前　裡是紅豆飯

江戶時期人們似乎會在患部撒上菸草粉末止血。不知道生理期是什麼，迎接初潮的少女，以為大腿受傷出血了，慌慌張張地東奔西跑，詩中歌詠了旁人看到這副情況而爆笑的樣子。另一句則寫著，女兒因為害怕鮮血而正在哭泣，家人知道女兒初經來潮後，也準備了漢字可寫成「赤飯」的紅豆飯慶祝的場面。

對於迎接初經前的女性，當時的人似乎不覺得事前應該要教她們生理的知識，或是相關的處理方法。既然不是理所當然要教的事，每個家庭教女兒的時機就也會不太一樣。

我私藏的文獻《實娛教繪抄》中，就記載著經血處置用品的說明（圖43）。這種用品又稱為「御馬」。

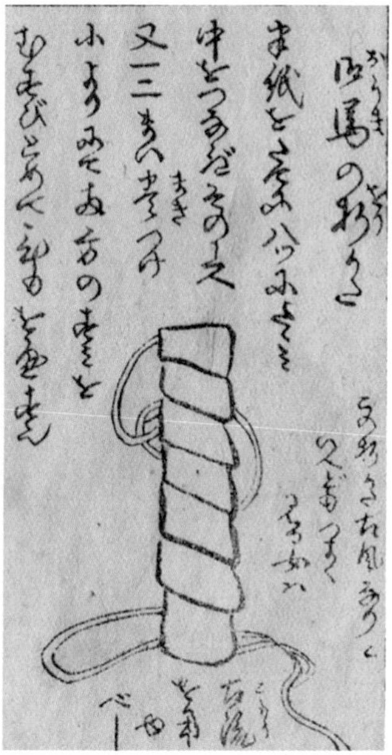
圖43 《實娛教繪抄》（戀川笑山，約為1865～68年，原著者藏）

〔御馬的摺法〕

把半張和紙沿著縱向摺成八分之一，綁緊中心，上頭再捲一、兩張紙。用紙捻在兩端打結，讓帶子可以從中穿過。

我按照這張插圖的說明，試著自己做了，成品就是這個（圖44）。

當時，人們用來處理經血的，是稱為「淺草紙」的低級紙張，考量到衛生層面，這次我使用全新的和紙。

我用的是叫做「奉書」的較厚和紙，縱向摺成八分之一，再卷上和紙，質地相當牢固。實際製作時的心得是，做這一條御馬，相當花時間和功夫。如果要在生理期間不斷替換，就要用上很

10 日本的一種短詩格式，音節採五、七、五，但與俳句不同，不用包含季節語，形式更為自由，很受百姓歡迎，常被用來做一些詼諧諷刺的創作。

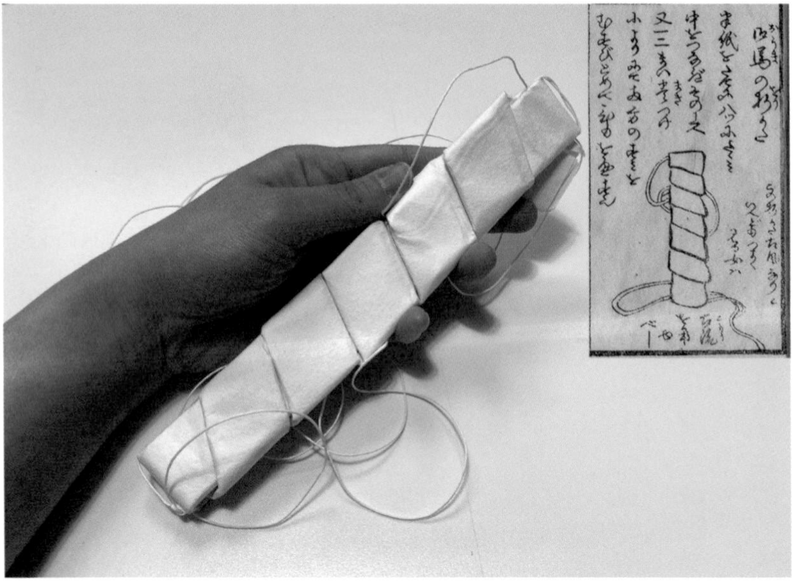

圖44 我做了江戶時期的衛生棉，並在生理期間試用。

多紙，到底一次生理期要做幾條才夠用呢……。

為了向大家報告實際使用心得，我刻意在經血量較多的時候使用它，測試穿戴感和能有幾個小時的防漏功能。

穿的時候像丁字褲一樣，把帶子綁在腰上，但紙張還是鬆垮垮的，跟身體不太密合。如果就這樣隨便出門，大腿內側應該會沾滿經血吧。

至於令人在意的穿戴感，卻意外地很溫暖。和紙同時具有保溫性和透氣性，現代的市面上也有以和紙材料製作的衣服，我個人非常喜歡。順帶一提，江戶時代的淺草紙等低級再生紙，裡頭會混進頭髮等雜物，如果是用這種素材做的御馬，應該很難帶來前述的舒適感。

這種生理用品沒有防側漏的效果，所以我決定在經血從兩側漏出時結束試用，結果只撐了一個半小時左右。

但我實際試用後發現，如果卷在外側的紙髒掉了，其實只要換掉弄髒的部分就好。考慮到從頭開始製作

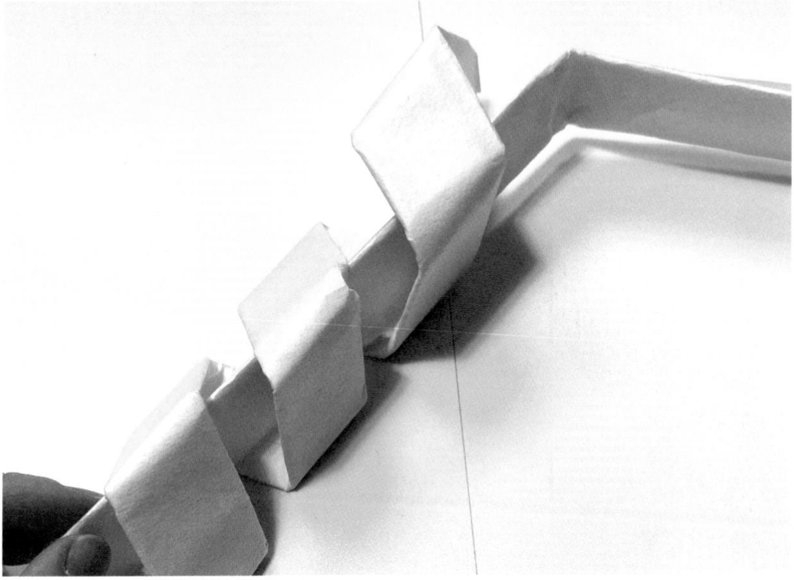

圖45 如果換掉捲在外層的紙，裡頭的紙芯和帶子似乎可以重複使用。

的功夫，說不定這種設計意外地挺方便的？

江戶時代的生理道具，材質不一定只能是紙製品。在前述的《江戶女子月華考》中，渡邊信一郎指出，女性也會穿類似丁字褲的布製品，當成生理期阻擋經血的手段，而這就是丁子帶的原型。據說直到明治以後，都還有人在使用這種手工縫製的布質月經褲。

昭和五十五年（一九八〇年）至六十年（一九八五年）間，向谷喜久江在山口縣的周防部，調查當地性的風俗，並寫成《有夜爬的地方》，書中就訪問了耆老女性們關於初潮體驗的回憶。

「我的初潮是十六歲的時候吧，早上起床的時候，底褲都被血染紅，真是嚇死我了。雖然我的初潮算是來得很晚，當天我媽還是煮了紅豆飯，跟我說『太好了，妳也變成大人了。這樣隨時都可以當新娘了。』然後才教我怎麼處理經血。

> 聽我孫女說，現在有很多像是生理褲、衛生棉這些方便的產品，但以前可沒有這種東西，所以會把舊的紅絨布腰帶剪成條，重疊兩三層，縫成丁子帶，用來墊著吸經血。
>
> 這種丁子帶雖然每天可以替換好幾次，但洗起來很麻煩，所以也有人會在丁子帶的內側，墊著用構樹渣做成的和紙，這樣就只要把紙換掉就好。
>
> 以前啊，女人的月事被當成很穢氣的東西，在洗丁子帶的時候，人們說「被太陽公公曬到就會遭天譴」，所以都只能偷偷掛在小木屋後面的陰涼處，慢慢陰乾。
>
> 至於開始用脫脂棉當生理用品，我記得那已經是昭和十年以後的事了。」

看到這段證言，就知道如果每次替換「丁子帶」都要清洗和陰乾，真的會很麻煩，所以當時也有人會在丁子帶和大腿之間墊紙，並只把紙換掉。想到我如果每個月都要體驗像這次實驗那樣的生理用品，就不得不感謝現代生理產品的多樣化。

也有在陰道里塞紙的方法

但對賣春女子們而言，連續好幾天裝著前述的生理用品，為了防止經血側漏，只能老老實實待在房間裡，這實在是太不實際了。

除非是經血太多的日子，基本上當時的女郎即便處於生理期，也要在陰道裡塞紙接客。就像介紹避孕方法的章節（72頁）中所說的，江戶時代的人認為，在陰道裡塞紙，除了可以吸收經血外，也可以避孕，所以塞紙可謂是一石二鳥。

與此同時，只用和紙與帶子製作生理用品的一般女性，似乎也認為「這種東西又會漏、又會鬆掉，穿它根本動不了，真想多做點什麼」，所以在江戶末期，塞紙的方法也漸漸從游女之間傳播到一般女性了。當然這種流行應該也有地域差異，但這套把紙塞進陰道的方法，一直持續到明治時期，不過也有人提出異議，認為這非常不衛生。

在明治二十一年（一八八八年）至大正末年（一九二六年）間發行的《婦人衛生雜誌》，第八十八期（明治三十年出版）就指出，如果拿舊紙、淺草紙、元結漉（用來繫髮結用的紙）等紙張來止血，很可能導致疾病，是個大忌。

江戶時期的文獻中，雖然認為生理期帶有穢氣，但為了那些在月事期間還是想要交合的人，有些書籍中也記載了相關的方法。

《男女狂訓 華美之香》的〈經水中犯忌交合法〉，詳細說明了其方法。

在這篇說明文的開頭寫道，本來在經水期間交合，會讓惡血停留在體內，對身體很不好，男性也會因為犯了不潔之忌，三天內不得參拜神佛。

但對游女們而言，即便生理期，也沒有不接客的權利。書中也寫道，不以賣春為業的一般女性，雖然不見得知道這些方法，但如果與許久未見的戀人重逢，卻因為生理期而無法交合，或是丈夫想要卻因為生理期而無法滿足他，結果就可能悖離了「妻道」。

那麼，如此重要的生理期間交合法，到底是怎麼一回事呢？

「生理時仍欲交合，於經水第二、三日，量多之時，上床前先小便，並勤拭陰門之中。尤記，入閨房前先塞紙。女方先動，以手握莖入門時，悄取塞紙，並復拭女陰內部，再引男根入。此時開單腳，另一腳伸直，將男方之腳外推，並充分抬高女陰，即可防止陰莖進入深處，讓其僅在七、八分深處進出。此法不僅可令穴緊，收得令男舒暢之效，由下向上抬高，更可促男早洩。以此法為之，即便稍有穢，若龜頭不達子宮，即可令男不覺惡心，遂為美會。待男方遺氣，以紙包莖根緊握，邊擦邊拔，即使沾染少血，亦可令男不覺。女郎之交合術大抵如此，自始便以雙足緊扣男背，引其入深處，拔莖時以紙拭之。然此法須日夜練習，非素女能及。故若遵右述之法，便可令男快意洩精。然忌以橫躺之姿交合，乃因男方內股易遭血穢之也。」

這段內容大概是在說，要先在廁所裡把陰道內部擦乾淨，並於正式交合前塞紙，藉以不讓芳客發現自己正在生理期。至於交合時的體位，基本上是讓經血不易外漏的正常位，並保持讓陰莖不會進到陰道深處的姿勢。交合結束後，女方要用紙包著男根再從女陰拉出來，並用手一邊套弄，這樣就算陰莖上沾了些經血，也可以藉機擦掉，順利蒙混過關。

另外，書中也說，側入式這類橫躺的姿勢，會讓男性的大腿內側沾到經血，所以最好避免。

慶祝初潮的文化

從江戶時代承襲至現代日本的許多文化中，有一種傳統習慣是「慶祝初潮」。應該也有不少女性讀者雖然初潮來時沒有被慶祝，但也知道這種風俗習慣的存在吧。

慶祝初潮的方式，可大致分為所有家人一起慶祝的內部祝賀，以及把紅豆飯當成祝賀品，分給住在附近的人們，讓整個社區一起慶祝女兒初潮的形式。

我自己是沒有認真想過為什麼要慶祝初潮，以及各地關於慶祝方法的差異。但要是我在身體遭逢變化而內心震撼的時候，爸媽居然跑去跟所有鄰居說：「春画ール的初經終於來了！太好了！」我應該會因為覺得太丟人，而在心裡用力譴責做出這種事的爸媽吧。

為什麼日本會有在女兒初潮時公告周知，並讓眾人一起慶祝的風俗習慣呢？

自古以來，日本人認為夫婦之間的「和合」是子孫繁榮的源頭，所以相當值得慶祝。在江戶時代的文獻中，女性大約會於十三、十四歲間迎接初潮，而初潮的到來，也象徵女性到了適合交合的年齡了。初潮既然是轉大人的象徵之一，也就值得慶賀了。

淺沼良次寫的《流人之島》裡，寫著動員社區一起慶祝初潮的實際紀錄，並介紹了八丈島上慶祝初潮的風俗習慣。過去在八丈島上，把第一次月經稱為「初出」，也有相關的慶祝祭祀活動。家長從女兒出生那天起，就要開始準備慶祝初出，而在慶典時，親戚和朋友們會送禮物給迎接初潮的女孩，像是稻米一束（五升），或是白菜、芋頭、蔬菜、菸草等等，以此承認她是一名成年人，並祝福她得到結婚的資格了。

初潮結束的女兒，從「他火小屋」（在生理期間，生活中使用的火要與家人分開）回家後，就會舉辦「初出慶典」。這場慶典是女性一生一次的大喜事，甚至比婚禮更具意義。住在當地的人也會聚集到女兒初出的家裡祝賀，甚至有祝禮結束後男性馬上求婚的紀錄。

從這份紀錄中可以得知，有些地區確實會動員大家一起慶祝女兒的初潮，藉以宣告女兒的成長，以及進入了適婚年齡。

另一方面，我們也來看看只在家庭內慶祝初潮的例子。

根據《神奈川縣民俗分布地圖》的數據（昭和五十七年度的一百個地區，加上昭和五十八年度的五十個地區，總計一百五十個地區，基於文化廳製作的同一份問卷調查），在神奈川縣境內，慶祝女孩成長為女性時，一般做法是只會在家裡煮個紅豆飯，低調地僅在家庭內部祝賀。但在逗子市的小坪、相模原市的矢部、山北町的神繩和谷峨等地，母親會贈送女兒紅色腰卷[11]；而在橫須賀市的久比里、相模原市的当麻、平塚市的須賀，媽媽們還會帶著「希望女兒的生理期三天就結束」的心願，而在腰卷上縫三針，有如一種「咒法」。其他還有因為女兒會尷尬，而完全不慶祝的例子。

順帶一提，慶祝初潮的方式，以及是否會在慶祝時煮紅豆飯，似乎並非全國一致。例如，在昭和三十九年度的《鹿兒島縣文化財調查報告書 第12集》中就指出，煮紅豆飯的天數會因地區而異。有些地區會在慶祝期間的每天都吃紅豆飯，但在揖宿郡開聞町的脇浦，把紅豆飯讀作「Akameshi（赤飯）」，不會在喜事的時候吃，反而會在先人忌日的時候煮；而在川邊郡笠沙町的姥這個地方，卻把紅豆飯叫做「Mamegoman（豆飯）」，當成日常食物吃，在婚禮等好日子時才吃「Shirogohan（白飯）」。光是在鹿兒島縣內，這類風俗就因地而異。

《神奈川縣民族分布地圖》中認為，慶祝初潮的文化之所以式微，是因為「都市的上班族家庭，一般不會認為這是喜事，因為女兒會覺得丟人，所以家長也會煩惱該怎麼應對。」或許是因

11 一種傳統的日式襯裙，穿在和服裡面，功能有如內褲。

為隨著時代演變，在企業裡上班的上班族變多了，所以也少了地區社群共同意識的概念，變成以家庭、個人為主的型態；而生活型態的轉變、女性參與社會的比例變得更高，也讓大家更尊重個人隱私，於是動員地區慶祝初潮的行為，也就失去必要性了。

慶祝初潮的意義，本來是為了祝賀女性的身體已經可以成為新娘，但這些本來的意義已經消失，變成只是慶祝初潮本身，結果就是讓被祝賀的人覺得：「初潮有什麼好慶祝的，真是丟臉」，而產生強烈的羞恥感。

當然這種覺得很害羞的心情並不僅限於現代人，在江戶時期的川柳中，也有像是「害羞的心情／染成紅色的飯裡／配了一條魚」這類詩句，描述少女被人用赤飯祝賀時的羞恥情緒。女人第一次感到自己身體變化時的那份驚恐和震撼，無論什麼時代都會存在。

但就像前述介紹的那些案例，家長都是打從心裡為女兒的成長感到開心並祝福。我也希望大家可以把重點放在這些積極面上。

包含關於性的部分在內，所有價值觀都會隨著時代變化。過去曾經存續的文化，也可能因著時代流轉，變得不被人們接受，而逐漸消失，這是不爭的事實。

不過，身處現代的我們，可以藉由了解過去曾經存在的價值觀、文化、風俗習慣而擴展視野，這對打造更好的未來，是非常必要的事。

15

江戶人也會煩惱性交時的疼痛——試作古時候的潤滑劑

各位是否曾有在性交插入時感到疼痛的經驗呢？性交疼痛的原因有很多，可能是保險套的素材和皮膚粘膜合不來，或是身體處於強烈的緊張狀態等等。

解析江戶時期的性典籍，當時的人也與現代人一樣，苦於性交時的疼痛。我會這麼說是因為，當時的這類書中，介紹了很多方法，教人如何製作治療陰部傷口的藥。現代人為了緩和性交時的疼痛，可以輕鬆買到用各種素材做成的潤滑劑，大家會不會很好奇，在江戶時代的人們，究竟是用什麼方法來潤滑的呢？

本章就要介紹「性交痛」和「潤滑劑」的故事，這些同樣也是現代人的煩惱。

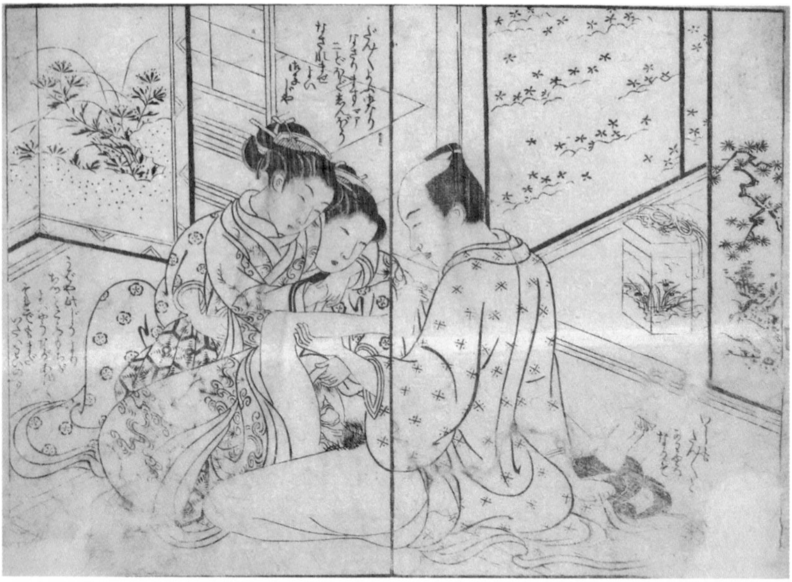

圖46 《今樣風俗 好女談合柱》（北尾重政，約為1771年，國際日本文化研究中心藏）

新娘的初體驗要慎重

在古代，條件不錯的家庭在生了孩子後，就會配置一個「奶媽」，負責代替親生母親照顧孩子的生活起居。據說當時的奶媽，為了讓女孩出嫁後能與未來的丈夫順利交合，會預先傳授心理建設和方法。

在春畫中也會出現奶媽站在一邊看女孩交合的情況，奶媽甚至會出手幫忙。

在北尾重政的《今樣風俗 好女談合柱》（明和八年，一七七一年）中，有一張奶媽正在幫忙指導少女交合的插畫（圖46）。

奶媽一邊對少女說著：「很快就會變舒服，再忍兩次左右就行了」，而隔壁的房間裡，放著稱為「貝桶」的嫁妝。

不過圖中的男性究竟是不是少女的結婚對象，這倒是不清楚。

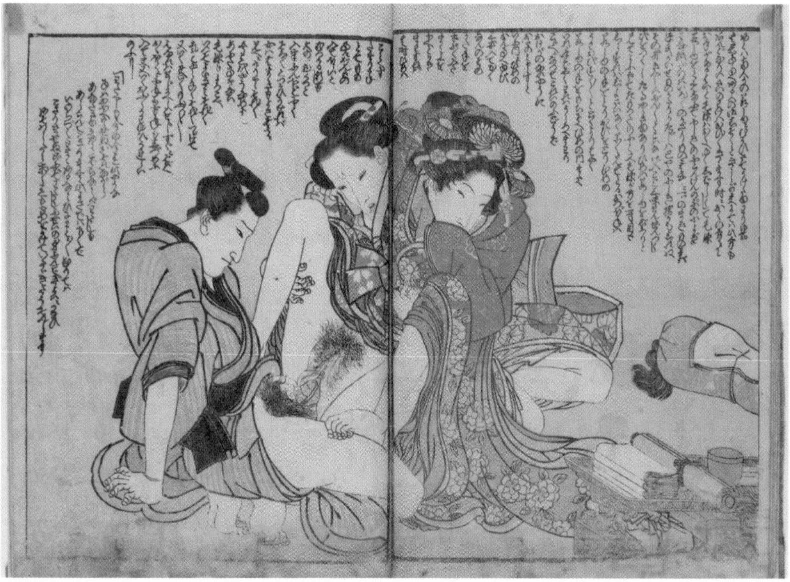

圖47《色道 三組盃》（歌川豐國，1825年，個人收藏，立命館大學ARC提供（Ebi1474-03））

在第一次行房時，旁邊竟然有個來插花的女性，以現代常識來看，實在令人無法接受。不過江戶時期好人家的女兒，平均結婚年齡比起要出去賺錢養家的女性要早得多，要是魯莽進行夫婦交合之事，搞不好會受傷，甚至從此對房事感到恐懼。所以一開始通常都會有一個指導者在場，也有許多春畫的主題是描繪少女初次行房時的指導畫面。

在歌川豐國的《色道 三組盃》（文正八年，一八二五年）下卷中，描繪了姬君（貴族的長女）在初次交合時，請貼身女侍在旁指導的畫面。讓我們來閱讀一下畫面旁寫了什麼故事。

有個名為「作藏（日文中將男根擬人化的人名）」的美少年，正在巡訪各地進行武者修行。在修行途中，作藏來到某個小國的百姓家中，跟主人家聊起了自己的煩惱。作藏身懷一條沒勃起時就有八寸胴返（二十四公分）的男根，所以別說跟女性交合了，甚至沒法到公家好好上班。他覺得自己的身體真是罪孽深重。

聽完作藏傾訴苦惱的百姓，想起自己曾聽過傳聞說，他們國家的姬君也因為有副巨大的女陰，所以還沒有跟任何人交合過，於是拜託在宅邸裡工作的朋友，介紹作藏這個年輕人給姬君認識。故事進度急轉直下，立刻跳到名叫「毛深」的姬君貼身女侍，已經備妥了寢室，並把作藏帶到姬君身旁的段落。春畫的圖說中，寫著毛深是如何指導兩人的交合的。

毛深暫伴若眾[12]，環視屋內。但見錦緞蒲團、絹布小夜衣，梳妝台上飾物形形色色。中有一書卷，不知是《源氏》或《伊勢物語》，或為巴屋之錦摺（著者註：可能是指錦畫的出版商西田屋與八，他們的商標是「山型配巴紋」）。其外伽羅香煙撲鼻，地有鮮花、琴、三味線，可謂盡善盡美。姬視若眾曰：「君來甚妙。」毛深見主眼色，機敏攜若眾手，解其衣帶，並速寬姬之上帶。毛深扶若眾手，探姬之內股，並速移若眾身後，小聲曰：「有勞郎君，莫使姬傷。」先以三指入姬之御事，須臾竟入單臂，上搖下攪。姬不堪浪舉，嬌聲云：「速以實物入之」。直至交合，姬喜曰：「咿，此物此物，迄今未曾遇此美事。毛深！汝亦應喜。此感慎美，此也此也。氣竟已洩！如此如此，竟又去矣！續去續去，妾身去矣，仍欲更甚！不使君離，不使君歸，使君伴妾旁，千年萬年交合不離。啊！又去矣。可愛、可喜耳」

姬君終於體驗到了人生至今從未品嘗過的快樂，忠僕毛深看著主子如此滿足的模樣，心裡也非常欣慰。身為侍奉姬君的侍女，毛深最重要的工作，就是讓寶貴的小姐不受傷，過著幸福的生活。而人生第一次的交合也不例外。為了讓姬君往後不會害怕與夫君的交合之事，這次任務非常重要。

當時的性典籍中，有許多「破開新開的方法」。所謂的新開，指的是沒有性經驗的女性器，或是女性。

《閨中紀聞 枕文庫》中，也介紹了一種藥品的做法，可預防女性在被插入時受傷。

〔與新玉門交時防疵之藥〕

菓子昆布與布海苔二枚，均研細末備用。以唾潤之，塗於龜頭行事，即便新開，仍能無傷。

12 少年之意。在此處指作藏。

書裡說，把當零食吃的菓子昆布，和一種叫做布海苔的海藻磨碎，塗在龜頭上再插入，就能減少對方的疼痛，也就是利用海藻的滑溜物質，來讓插入更順暢。

實際重現江戶時代的潤滑劑到底是怎麼一回事

我調查許多性典籍後，發現江戶時代的潤滑劑材料，大致可以分成「海藻類」「雞蛋白」「葛粉」三種，藉由組合這些材料，做成潤滑液，並塗在紙上陰乾備用，等到要插入時，用嘴巴把紙含濕，再把溶於唾液的潤滑液塗上陰部。

這次我參考《閨中紀聞 枕文庫》中的〈通和散之異方〉，試著重現了江戶時期的潤滑劑。

○通和散之異方

製法為：寒中布海苔浸水，雞蛋去黃，僅取蛋白，與海藻調和，天日曬乾。以藥輾子磨成極細末，過篩數回，細如黑板漆般最佳。將右記粉末含於口中，以唾潤之，於行房時使用。另有一法，將鹿角菜煮爛，濾去渣滓，與等量雞蛋白調和，塗於美濃紙上，陰乾後再塗，反覆五、六次後儲藏，切細絲如元結紙，用時預以口含之。另外亦有加入藥種之製法，但以無香、黏稠者為佳。此方據傳源自上方[13]之陰間子供屋[14]自製藥方。「江戶湯島天神下伊勢七」藥店製通和散，品質據稱絕佳。此藥店通和散，江戶僅此一家。

材料是雞蛋白和叫做「布海苔」的海藻（圖48）。

我先把布海苔泡水，再丟進鍋裡煮到出現黏稠感。我做夢都沒想過，都到了令和時代，我還得在自家廚房裡做性愛用的潤滑劑……。

好的，隨著不斷熬煮，布海苔裡的稠汁也被熬出來了，布海苔的黏稠液體很容易因沸騰溢出，我一邊注意火候，一邊細心熬煮數十分鐘（圖49）。

等到熬出一定的稠度，把布海苔從湯汁裡撈出來。這個布海苔可以蘸醋和醬油吃，或是加進味噌湯裡，還滿好吃的。

然後把蛋白加進剩下的湯汁裡（圖50）。

仔細拌勻後，沒有加防腐劑、添加物的潤滑劑就完成了（圖51）。

如果讓它保持液態，很快就會壞掉，而且也不方便攜帶，所以要再把這個液體塗在美濃紙（和紙也ＯＫ）上陰乾，並反覆五到六次（圖52）。

等到紙乾透了以後，把它剪成像元結紙（用來綁頭髮的細紙帶）的長條，通和散就完成了

13 指京都、大阪一帶。「上」有皇居所在方位之意，因為古代皇居位於京都，遂稱京阪一帶為「上方」，也代表政治、文化、時尚的中心。

14 又稱陰間茶屋。江戶時代不排斥同性戀，甚至出現由美少年男娼提供性服務的娼寮，專門服務喜好男色的男性。

（圖53）。使用時撕下要用的份量，再放進嘴裡舔濕。

跟現代市售的潤滑劑比起來，潤滑感真是差得太遠了。紙被唾液溶化後，來自食物的天然稠滑感也隨之出現。幾乎可說是無色無臭，只帶有一點點海藻的味道。

這些潤滑劑不只用在男女交合，也會用在男色上。

這種通和散，據說源自上方（京都或大阪）的陰間茶屋做來自用的配方，而在江戶，就只有湯島天神（因男色聞名的地方）下的「伊勢七」這家藥店有賣。文中還特別強調：「江戶的通和散，僅此一家！」

順帶一提，插入時如果不使用潤滑劑，以前的人會在陰部塗口水，加強潤滑。

春畫中會描繪許多男性含著手指的畫面，這就是象徵現在要準備插入了的符號。

如果只從現代的觀點鑑賞，大概不太會有人注意到這點，以後看春畫時，請試著找看看吧！

圖48 江戶時期的潤滑劑材料：雞蛋白和布海苔。

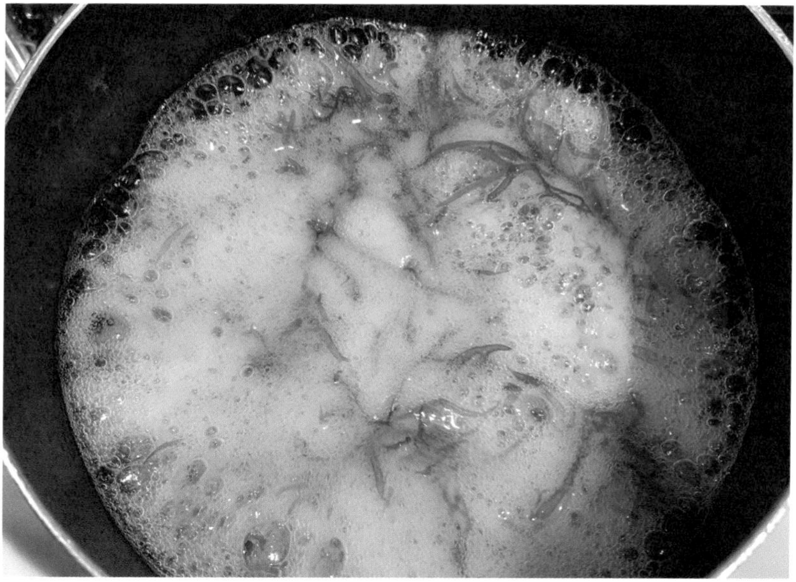

圖49 隨著熬煮，布海苔會漸漸分泌黏液。房間裡都是淡淡的海水香氣。

圖50 把蛋白倒進熬到濃縮的海苔湯裡。

圖51 拌勻後，潤滑劑就完成了。幾乎沒有味道。

圖52 把潤滑劑反覆刷在和紙上。這工作看似簡單，卻挺累人的。

圖53 塗完潤滑劑的紙張乾透後，就把它裁成元結紙（平元結）的尺寸。

16 江戶時期也有追求金手指的書

江戶人是怎麼認識女性生殖器的部位的？

「摳挖」或許是個很陌生的詞，但其實就是現在說的「愛撫」「金手指」。

在這一話中，我要介紹我在江戶時期文獻中發現的「摳挖」方法，以及「摳挖」時使用的性道具，也就是情趣用品。

在性典籍中，是怎麼記述「摳挖」的方法的呢？在介紹之前，我們先來看看江戶時代的人，是如何了解女性生殖器構造的。

《艷道日夜女寶記》中的這張插圖（圖54），從正面描繪了「玉門」（指女性的陰部）。位於最上端前面的是小便的出口，下面深處的洞則是稱為「子壺」的部位。圖中也寫道，「月水」（也就是經血）會從這個「子壺」流出來。

剩下的圖片左半區域，則從偏側面的角度畫出了陰道與肛門的內部透視圖，用相當易懂的形

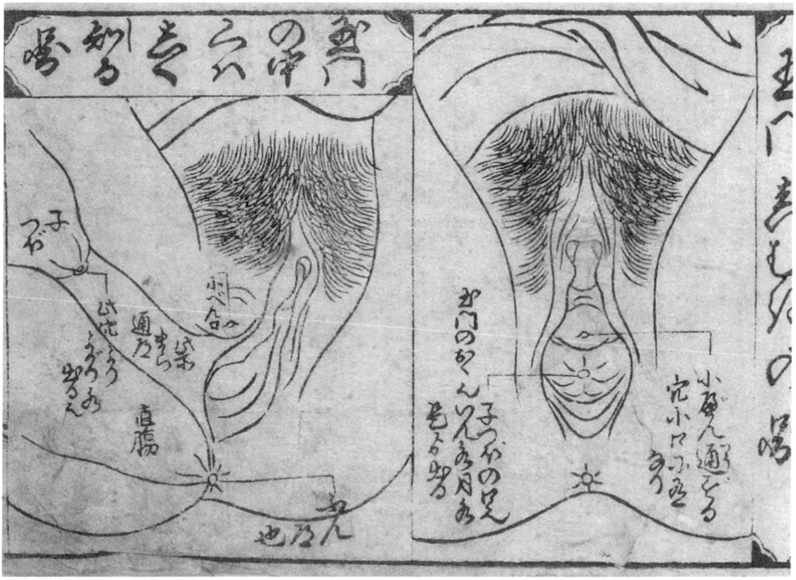

圖54 《艷道日夜女寶記》（月岡雪鼎，約為1769年，國際日本文化研究中心藏）

式表現了這幾個洞的位置相對關係。這本書即便是未經人事的人，也能一看就懂，書中也清楚標明了男根應該插進哪些地方才對。

怎麼摸才好？

探「猿猴（女陰的暱稱）」時，以中指與食指之指腹，撫玉門中似袋之物。又，陽物進出時，擦此處尤佳。無論平素何等慎嗇之女，都將口出歡聲無疑。又，以此法戲之時，若押核上，尚佳。

這一段寫的是，愛撫女性生殖器時，要用中指和食指的指腹，撫弄女陰中像是袋子的部分。這個「像袋子的部分」就是前述圖中的「子壺」。注意事項中還提醒讀者「要先剪指甲」（圖55）。

這一段的後面還寫了一個進階技巧，在愛撫時，如

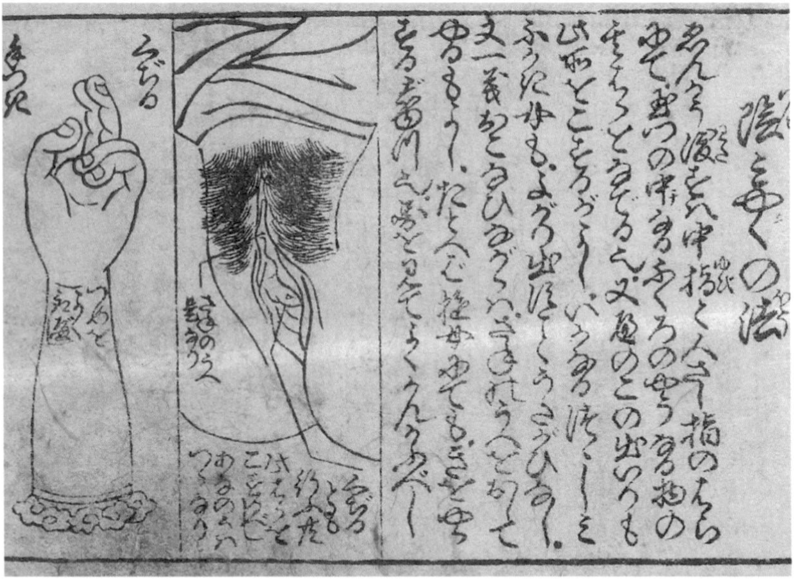

圖55 《艷道日夜女寶記》（月岡雪鼎，約為1769年，國際日本文化研究中心藏）

果能從上方按壓陰核，對方就會更舒服。「核上」指的就是陰核與其週邊，刺激這個敏感部位，也是「摳挖」時的一大重點。《陰陽淫蕩之卷》（出版年份不明）在講前戲時也提到，「女陰開口外，有個既非骨也非肉、米粒大般的硬塊，前戲時要用中指橫向摩擦這裡，並像要把舌頭扯碎般，啾吧啾吧地用力吸吮對方的嘴巴」，認為摩擦陰核的輕度刺激，可以帶給女性快感。

隨著時代演進，這類性學參考書的資訊，又出現怎樣的變化呢？以下文字摘錄自溪齋英泉在天保七年（一八三六年）左右出版的《地色早指南》（圖56），我把部分解說翻成白話，並比較一下內容。

首先，要不停撫弄陰道開口的側邊到陰毛邊緣一帶，避開陰核下方的尿道，用手指持續摳弄女陰的入口。接著，插入一根手指，以指腹用力搔弄上

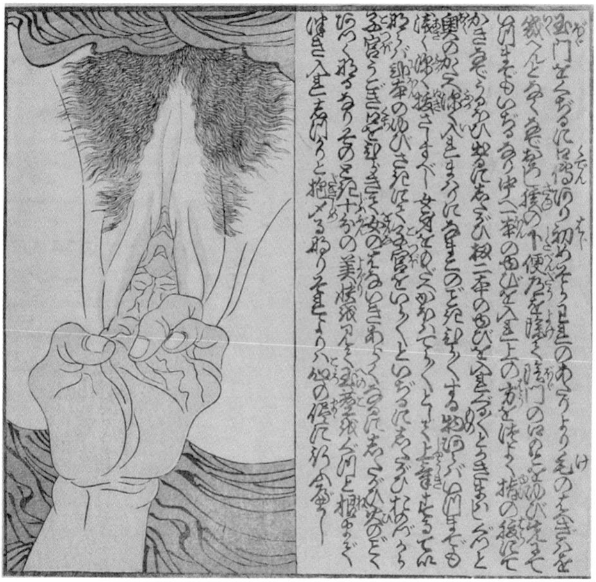

圖56 《地色早指南》（溪齋英泉，約為1836年，國際日本文化研究中心藏）

側。等到性器官變濕，再插入一根手指，一邊攪動一邊插入深處。如果陰道內壁開始像海參般抽搐，就暫時在淺一點的位置抽插。如果女性露出有點苦悶的表情，而且上氣不接下氣，就要用兩根手指的指頭觸摸子壺。這樣一來，子壺的開口就會自然張開，女性的呼吸隨之變得急促，女陰也會熱得像火。趁著這個時機，把玉莖一口氣整根插進去，並緊緊抱住女性。接下來就隨個人心意繼續下去了。

這段說明比起前述的《艷道日夜女寶記》，更加詳細又具體，甚至連插入的時機都說了。但陰道內部像海參般抖動到底是什麼情形，讓我也非常好奇。「摳挖」的方法從「向下撫摸陰毛的髮際線」開始，我個人是沒有被這樣摸過，讀的時候不禁笑出來。怎麼有種像被順毛的感覺。

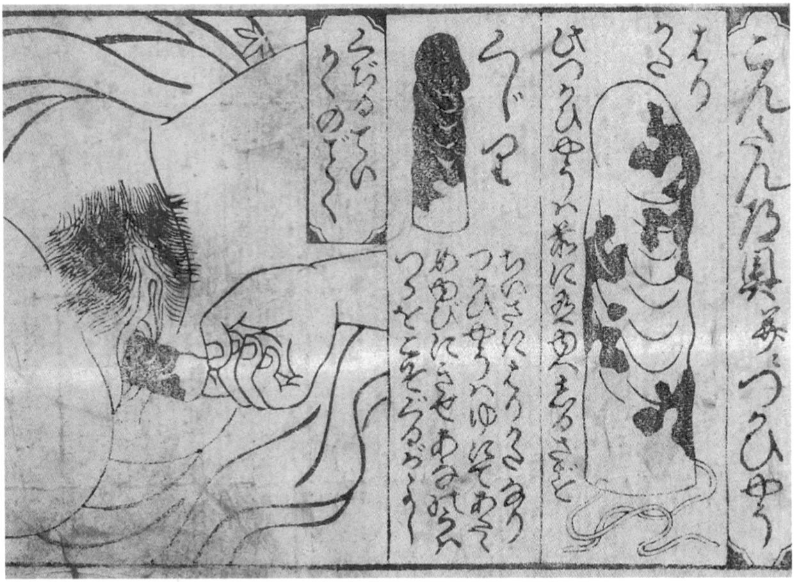

圖57《艷道日夜女寶記》（月岡雪鼎，約為1769年，國際日本文化研究中心藏）

「摳挖」的時候還可以用這種道具！

大家知道嗎，江戶時期的人甚至為了「摳挖」，發明了這種專用的性玩具。

畫在上圖中間框框裡的道具，是一種裝在手指上使用的性道具，呈現黑漆漆的男根造型，器如其名，被稱為「摳挖」或「摳挖形」（圖57）。

> 此乃小型張形。使用前，以湯溫之，套於指尖，搔刮穴內。

「張形」是像圖片右框中般，模擬表面凹凸起伏的男根製成的假陽具，尺寸等同實際的男根。

而說明中稱為「小型的張形」的「摳挖」，也被稱為「指人偶」，使用時就像左框的插圖一樣，是套在手指頭上玩的。用玳瑁殼、水牛角等材料製成的摳挖，在使用前泡熱水加溫，可以讓熱度傳導到材料上，帶來更柔軟的觸感。因為不是用指頭直接觸碰性器官，所以即便忘了剪指甲，也可以安全地「摳挖」。

我個人的私藏中，有兩個摳挖形，應該是明治時期製作的。它們的全長分別是四公分（圖58）和六公分（圖59），兩者的龜頭大小幾乎一樣。莖幹部分則有做出凹凸感。這些當然都是某人的遺物，恐怕都有被使用過。

雖然把別人用過的情趣玩具套到自己的手上，心裡難免有些抗拒，但短的那根套在我的大拇指上尺寸剛好，不容易鬆脫。如果使用尺寸符合自己手指長度、粗細的摳挖形，在愛撫加溫的途中，就不用擔心摳挖形會「啵」地一聲掉在陰道裡……。

這些玩具的龜頭形狀都做得相當立體，插入時絕對能帶來很棒的刺激變化。不過，套上這個會讓人有種自己的指頭變成雞雞的錯覺，搞不好會讓床伴笑場。被熱水加熱過的摳挖形愛撫，觸感應該會跟指頭大不相同吧。這是只有當時的人嘗過的刺激感。

圖58 裝在手指上愛撫女陰，使用前要先泡熱水。「摳挖形」（約為1901～39年）

圖59 利用摳挖型表面的凹凸，刺激女陰的內外側。臨時忘了剪指甲的時候也很方便。「摳挖形」（約為1901～39年）

17 江戶時代性愛中的乳房

在本章中，我想要聚焦在江戶時期春畫中的女性乳房，探索其價值觀，以及圍繞著乳房的歷史。

這裡我沒有要從「女性的乳房本來就是當事人自己的東西，不應該把它當成別人的性慾對象」這種觀點來討論。我的目的是探討江戶時代，女性的乳房在性愛中被當成什麼，並把江戶時期出版的文獻當成第一手資料，而寫了這一篇專欄。

「日本人過去對女性的乳房，不抱有性方面的關心」，這種見解直到現在都相當深植人心。就我過去在社群媒體上看到的，現代人對江戶時期女性乳房的認識，大概可以分成下列三種。

1 「江戶時期的大眾澡堂採混浴制，大部分男性早就看慣了女性的裸體，所以很少有人會對乳房感到性興奮」

2　「浮世繪裡畫的乳房，描繪非常輕描淡寫，也並沒有被誇張化，可見當時的人並不把它當成性的對象」

3　「在江戶時期，女性的乳房是育兒器官的觀念根深蒂固，所以不會引來性方面的關注」

在我上傳春畫的推特帳號，我看過很多與上述意見相同的留言，而且都還會獲得很多讚。我對這些意見都會選擇刻意不回應，並不是我對這些評論沒有異議，反而是因為我想講的太多了，在社群平台上面根本寫不完。

接下來，我要以各種資料為基礎，用我個人的方式，對前述的三種意見做出解答。首先是「江戶時期的大眾澡堂採混浴制，大部分男性早就看慣了女性的裸體，所以很少有人會對乳房感到性興奮」這種意見。

如果男人看慣了女性的裸體，江戶時代的大眾澡堂裡為什麼會癡漢橫行呢？即使後來政府頒布禁令，讓男湯和女湯分開後，澡堂裡還是充斥淫行，甚至還有人會偷窺女湯。

從江戶中期到後期，負責管理旗本南町的奉行官根岸鎮衛寫了本雜文集《耳袋》，從他還在佐渡當奉行官的時代，就開始利用公務閒暇執筆寫作，紀錄訪客和古老的有趣故事，一直寫到他死前一年的文化十一年為止，時間縱貫大約三十年。書裡就寫了一個在澡堂裡發生的珍奇事件。

某戶人家的年輕家臣，在澡堂裡洗澡時，無意間從隔開男女湯的格子牆間，看見了女性正在清洗陰部的光景。看到此景的年輕人，不自覺地就勃起了，於是慌慌張張地跳進浴池裡。過了一陣子，年輕人從浴池起身，又在同個位置看到女性在洗陰部。年輕人看著看著越來越興奮，不停地為了讓小老弟鎮靜下來跳進浴池，結果因為泡得太久，血氣衝腦而暈倒了。

《耳袋》裡還記載著其他在澡堂裡發生的趣聞。

有一個住在下谷附近的醫生，在澡堂二樓全裸著身體散熱，從那裡的窗戶往下看，剛好能把女湯看個一覽無遺，還正巧有個漂亮的女性正在洗下面。醫生不覺看得入迷，竟從二樓的窗戶朝著那名女性的方向摔下樓。等到醫生從昏迷中甦醒，眾人問他為什麼會從二樓摔下來，醫生竟回答：「這就是久米的仙痛（傳說有個仙人在天空中飛行時，因為不小心看到女子的小腿，破戒喪失神通力，所以從空中掉下來）」打趣的妙答，讓大家都笑得樂不可支。

《耳袋》裡記載的趣聞，背景是男湯和女湯分開的大眾澡堂，但當然隨著時代和地區不同，也有混浴的澡堂。

在松浦靜山的《甲子夜話》中寫道，江戶的湯屋雖然也有不是混浴的，但多數都是稱為「入込」的混浴制。據靜山聽到的傳聞，因為在這些入込中的淫行過於氾濫，於是在寬政年間的改革中，下令禁止男女混浴了。但即便如此，隨著日子過去，似乎也有湯屋偷偷改回混浴（笑）。

「那是個重視若隱若現美的時代，所以女性的裸體本來就不會喚起性興奮。春畫中全裸的畫作很少，也是出於這個理由」

我也常看到這類意見。但春畫是二次元作品。畫裡的人們之所以被畫成穿衣服的模樣，是為了展現畫面之美。應該也有讀者會因為春畫中被緋色腰卷包圍的陰戶表現，以及那些美麗和服的皺摺，而看得心蕩神馳吧。再者，和服的設計和穿法，都是用來表現畫中的季節、流行，以及人物身份的符號。為了「透過畫面傳遞視覺資訊」，衣服是不可或缺的。

如果只是一股腦地把所有能促進人類性興奮的要素，全都用很直接的方式塞進春畫裡，簡直就像是在否定過往那些春畫研究者們認為「春畫並非單純的色情」這種論述。我反倒想問，春畫中究竟是透過什麼形式來反映當時人們的性興奮的？

人們總會不小心把古時候的繪畫，當成當時真實世界的反映，但如果要把繪畫當成歷史資料來引用，就一定要更加謹慎。春畫是為了讓人們鑑賞而創作出來的，這點絕對不能忘記。

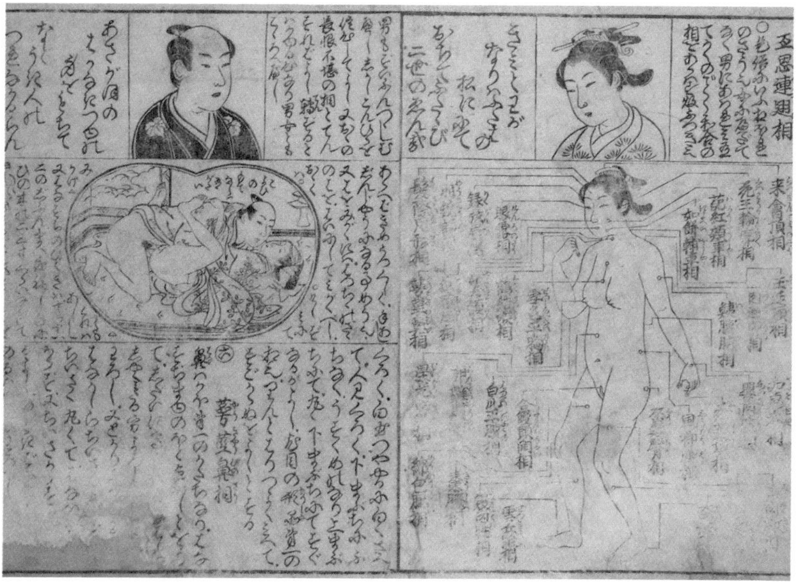

圖60 《女大樂寶開》（月岡雪鼎，約為1751～64年，國際日本文化研究中心藏）

性器官的形狀百百款，那胸部呢？？？

在各類跟性有關的典籍中，我幾乎沒有看過針對乳房的大小、形狀仔細描述的文獻。這類書裡討論的，永遠都只有男根和女陰。

在艷書裡面，是會就頭髮、痣、性器官的外型，來評斷一個人「是不是好色」「年齡多大」「敏不敏感」「做起來舒不舒服」「體力旺不旺盛」等等，但關於乳房的說明卻非常稀少。

月岡雪鼎的《女大樂寶開》是一本相當有名的性讀物，在〈美女三十二相之事〉一章中，寫著美女身體的條件（圖60）。

雪色平胸相

胸型以平坦為佳，然雖曰平坦，但若胸幅過闊，反而不美。

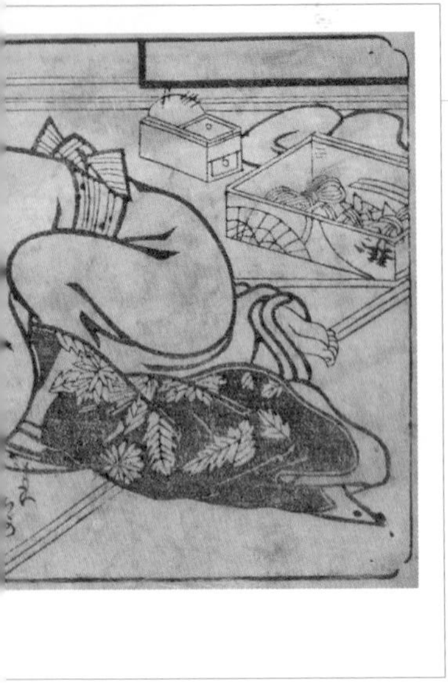

不多不少，直而平者最美。

星光兩乳相

乳房應圓，不過大，不過小，中等最佳。

兩乳之間隙須窄，幾可互觸為度；渾圓飽滿者為美。

「雪色平胸相」在插圖裡指的是鎖骨下緣到乳房上緣之間的部位，由此可知，當時認為「胸」和「乳」是不同的部位。

而「星光兩乳相」指的就是乳房。書中說美麗乳房的條件是：不大也不小，大約中等左右尺寸的乳房，左右乳之間的縫隙要窄到幾乎可以貼合彼此，而且形狀渾圓又飽滿。

順帶一提，雖然「柳腰」一詞可以用來形容女性的腰部，但閱讀這篇〈美女三十二相之事〉，同樣可以發現，原來柳腰指的並非纖細緊緻的腰型。

風柳腰相

美腰之型，乃較兩腋之下直線略細，輕盈平坦，腰線上下略圓，

圖61 《優競花之姿繪》（西川祐信，約為1733年，國際日本文化研究中心藏）

柔軟優美者佳。過細者稱蟻腰，反而不美。

〈美女三十二相之事〉的標準，後來被西川祐信的艷書引用，後來又由溪齋英泉繼續援引下去。換句話說，這些美女的條件，在各種出版品的傳承下，至少持續了七十年左右不變。

承繼雪鼎筆下美麗乳房條件的祐信，應該也會在自己畫的春畫中實際應用這些標準。那麼，祐信描繪的乳房是長什麼樣子的呢？在西川祐信的艷書《優競花之姿繪》（享保十八年，約為一七三三年）中，男性一邊說著「美乳的丈夫竟不在，趁現在、趁現在」，一邊吸著女性的乳房（圖61右）。

這左邊的插畫裡，男性也在吸女性的乳房，但這名女性卻說，「不玩乳也無妨，快點行正事」（圖61左），看來女性對這個注意力比起陰戶先被乳房吸走的男性有點不滿。我看著雙方對一個乳房各自表述的熱情差異，不禁笑出聲來。

畫成圓形的女性乳房，與現代的乳房表現一比，可能會讓人覺得有些樸素，但祐信在畫的時候，可能加了很多我們現代人不易察覺的堅持和講究，像是胸部的大小、彈性，以及左右乳房的距離等等。這些對乳房的執著，現代人可能已經無法感知了。

接著是「浮世繪裡畫的乳房，描繪非常輕描淡寫，也並沒有被誇張化，可見當時的人並不把它當成性的對象」這類意見。各位讀者或許會覺得，比起浮世繪中對性器官有相當仔細的描繪，乳頭和乳暈卻沒有同等的待遇。但這並不代表浮世繪就完全不會畫胸部周邊的細節。柳川重信的《柳之嵐》，是一組大判十二張的套圖，裡頭有一張模擬當時流行的銅版畫，描繪女子與南蠻人交合的圖片（圖62）。

重信刻意以誇張手法，把南蠻人的陰毛畫得又濃又捲，畫面留白處還寫滿模仿異國語言的圖說。在這張作品中，重信在男女的身體上加了陰影，呈現與過往作品完全不同的風格。

如果把視線放在這張圖中的女性乳房，就會發現乳暈和乳頭被塗上了醒目的顏色。如果這是為了演出異國情調，而故意採取與平常不同的表現手法，或許一般春畫中缺乏對乳房的描繪，很可能單純只是這種畫法的不成文規定。

另外，在《春畫展＝Shunga》的第一七二、三頁中，春畫收藏家Michael Fornitz所藏的《耽溺圖斷簡》（天明～寬政年間，約為一七八一～一八〇一年），畫中的熟齡女性，乳頭和乳暈就有上色。熟女隨著年老而下垂的乳房，以及因快感而扭曲的臉孔，以及讓人聯想到雷雨中的龍、極

圖62 《柳之嵐》（柳川重信，約為1804～18年，阿姆斯特丹國立美術館藏）

具魄力的男女結合處，這些極端表現加在一起，有如一場衝擊風暴。有不少評論家認為，這類由畫家親筆描繪的春畫，表現手法與當時流行的浮世繪美學完全相反。如果是這樣，江戶時期的浮世繪之所以對乳房不太講究，或許只是因為那是一種傳統表現手法，在畫師和徒弟間代代相傳罷了。

江戶時期描繪的大胸部女性是想表達什麼？

最後容我回答「在江戶時期，女性的乳房是育兒器官的觀念根深蒂固，所以不會引來性方面的關注」這類意見。

白倉敬彥在《江戶的春畫》一書中指出，春畫中對乳房的關心甚微，也幾乎不會描繪用手或口愛撫的場面，這是春畫的一大特徵。而更具特色的是，即使有極少數關注乳房的主題，也都是集中在乳房在孕期中的變化，以及可以用於授乳的乳房，比較偏向對母親的撒嬌或依賴，也就是所謂的乳兒期鄉愁。

確實在江戶時代，會刻意把授乳期間的女性胸部畫得特別大。我用「浮世繪 授乳」當關鍵字搜尋圖片，找到了許多擁有豐滿乳房女性的浮世繪。而且，這些畫中的女性，都有種難以言狀的性感魅力。例如喜多川歌麿畫的山姥與金太郎圖，以及歌川國芳畫在團扇的〈呑乳兒〉（弘化二年，約為一八四五年）都屬於這類作品。在《國芳的春畫》書中介紹國芳這名畫師的章節，就能看到這幅團扇畫。

雖然這幅作品的說明寫道：「雖然這名女性的胸口大開，但卻完全讓人感受不到跟性有關的要素，反而因為畫中人一邊熟練地照顧小孩，一邊手腳勤快地做事，而讓人感受到她那可靠的性格。」但我在看這幅畫時，卻留下「抱著嬰兒餵奶，一邊用梳子梳順烏黑亮麗的長髮，這副健康又充滿強烈生命力的模樣，反而帶有很性感的魅力」的印象。同時我也覺得，登這張圖的書裡說「完全讓人感受不到跟性有關的要素」，就像是在刻意對讀者強調，不應該用感受性魅力的眼光去看這幅浮世繪中的女性。

無論是我的想法，還是前述書中的意見，其實都只是個人的感想，但繪畫作品，的確就是會被觀看者個人的感覺影響。

順帶一提，白倉敬彥認為，喜多川歌麿畫的山姥與金太郎浮世繪（圖63）中，金太郎緊緊抓

圖63〈山姥與金太郎，吮乳〉（喜多川歌麿，約為1802年，MAH Musée d'art et d'histoire, Ville de Genève. Transfert de l'Université de Genève, don d'Emilia Cuchet-Albaret）

著山姥的豐滿乳房，然而畫中登場的金太郎，容貌看起來早已不是小孩，卻非常露骨地抓著母親的乳房，強調了乳房同時也有著帶來性方面刺激的功能，並讓觀看者留下強烈的印象（《江戶的春畫》）。

另外，上野千鶴子的〈敏感的乳房——是為誰存在？〉（收於《乳房的文化論》一書），以及田中貴子的〈日本的乳房是如何被討論的〉（收於《搖晃的胸部、豐滿的胸部》一書），也都不約而同地認為這幅山姥與金太郎浮世繪，蘊含了畫師的情色意圖。

春畫中男性吸吮女性乳房的行為，有些可能只是交合時的愛撫動作，但歌川國芳卻畫了一幅非常耐人尋味的春畫。

我們一起來看看《花結色陰吉》（天保八年，一八三七年）裡的這對夫妻。

太太正在餵小孩喝奶，她說：「哎呀，孩子在看呢。爸爸真是好下流對不對，乖乖喝奶乖乖睡覺喔」，她應該是想著，先把孩子睡著了，再來慢慢享受交合之趣，所以叫丈夫注意一點，乖乖等著。結果丈夫一副「我想做的時候，就要做」的表情，看起來完全不知忍耐為何物。丈夫對妻子撒嬌，跟著小孩一起吸妻子乳房的行為，看起來就像是精神尚未成熟的幼兒。

像這樣藉由吸吮乳房的行為，表現男性精神上的幼稚，其根基思維是，吸吮乳房同時象徵著赤子的行為，以及性行為中對女性的愛撫。

所以這類聚焦乳房的文獻和繪畫雖然確實很少，但卻足以佐證，社交平台上那些認為「江戶時代的人們認為，乳房是用來育兒的，不是性需求的目標對象」的意見，是多麼缺乏說服力了。

女郎和碩大乳房之間的關聯

本店在京都的道後游女屋「京窯」，內部有一本在寶曆年間就開始流傳的秘傳之書《納構帖》，有如游女屋經營者的秘技寶典。這本書中寫滿了對待女郎的方法，以及接客的Know-how，是一本空前絕後的奇書。書中寫了女郎如何在接客時使用乳房的技巧。

大乳女形，可夾兩乳，引男根入其中。若客不洩精，則須記，由底側捧兩乳，不夾男根，以

圖64 《花結色陰吉》（歌川國芳，1837年，國際日本文化研究中心藏）

指挾男根包皮，與乳一同摩擦。若仍不洩，則押兩乳首入乳，自揉乳房，榨少許乳汁，以滑男根。

「女形」指的就是接客的女郎。這套手法應該就是現代的「乳交」，但值得注意的是「榨少許乳汁」的部分。如果這裡的乳汁指的是母乳，很有可能這些女郎都身處產後（先不管墮胎或流產的可能）狀態。

既然文中以可以榨出乳汁為前提，提到了「大乳女形」，想必就像浮世繪中把哺乳中的女性乳房畫得較大般，當時把「乳房處於膨大狀態的女性」，當成懷孕的徵兆。

日本的性器信仰與性器帶來的價值

春畫中關於陰戶和陰莖的描繪，比起其他身體部位，細緻得簡直異常，理由應該是因為，日本人把太多價值寄託在性器上了。這並不代表人們不關心乳房，而是因為包含了人們對性器官的崇拜信仰心在內，性器在人心中，處於一個比乳房更重要的位置。

每當看到日本的性器信仰、熊手裝飾、在神龕裡被當成御神體祭祀的那些性器形象的吉祥物，當然還有春畫，都讓我覺得自古以來的人們，未免把性器官也看得太有價值了吧。

《大英博物館 春畫》（小學館出版）中，作者鈴木堅弘就提到日本自古以來的性器信仰。從古代到中世之間，日本的性器信仰主要與道祖神信仰結合。所謂的道祖神，是在村莊邊境祭祀的一種守護神，可防止惡靈或瘟神闖進村內。這些守護神的形象多半模擬人類的性器官，因為當時的人們認為，性器象徵的生產力，可以阻止邪惡事物的侵入。

時代進入江戶時期，男根的御神體被稱為「金精神」或是「金魔羅大明神」，祂們除了擔任道祖神，還被人們當成保佑生意興旺、增進精力的神明來拜。以下我就選摘一些江戶時期的出版品並翻成白話文，來看看當時崇拜性器的情況。

由橘南谿所記的《東遊記》，整理了他自己走訪各地時聽來的奇談異聞。他為了本業的醫學修行，在三十歲的夏天，也就是天明二年（一七八二年）從京都出發，分數次輾轉巡訪日本各地。他把途中聽來的傳說集結整理成此書，書中就有關於模擬男根形狀的「幸之神」紀錄。

在出羽國渥美的驛站附近，路邊有無數綁滿了注連繩的石頭。在石塊附近，朝著道路放了一尊男根形狀的細緻木雕。它的長度有七、八尺（大約不到兩公尺），粗度則有三、四尺（大約一公尺左右），我覺得光天化日下看著也太傷風敗俗，於是就問了當地人，據說「祂是自古以來就祭祀的神，名叫塞之神，每年正月十五日會重新雕一個神像來替換。因為是把祂當神在拜，就算有大人來巡查，也不會把塞之神收起來或撤掉。這尊男根像，絕對不是年輕人出於惡作劇而出現的。」我也問當地人，為什麼注連繩上會綁著許多紙條，據說是因為住在這一帶的女子，相信偷偷綁上紙條，可以保佑自己遇見好男人。

一根巨大的男根像矗立路旁，在外地人眼裡看來的確會覺得妨礙風化，但這卻是當地人自古以來傳承的習俗，也是一位神明。在現代的日本，已經很難在路旁看見男根像了。不過如果去鄉下，偶爾也能看見在路旁祭祀的情形。順帶一提，「遇見如意郎君」的咒法，在江戶時期就已經存在，應該有很多女性都希望自己可以遇到好姻緣吧。

根岸鎮衛的《耳袋》中，也有一段祭祀陽具而致富的故事。

有位商人在旅行途中投宿旅籠屋，並且叫了小姐陪睡。夜裡，商人看到旅籠屋的老闆，正在一個像神龕的地方點燈，並捧著神酒誠心祈禱。他問一起睡覺的妓女那是什麼，妓女說：「這家的主人以前很窮，有次在路邊偶然撿到一尊用石頭精雕的男根，就帶回家了。他想著男根是陽氣極致之物，也很有喜慶氣息，於是從那之後，每天早晚都對著男根像供奉祈禱。結果隨著日子過去，他就越來越有錢，富裕到可以開了這家旅籠屋，甚至還雇了大約一百個像我這樣的妓女。」商人雖然覺得這故事也太荒謬，但睡到破曉時突然睜開眼睛，想著如果偷走那尊御神體，自己不就也能發大財了嗎？於是就在眾人酣睡之時，他偷偷摸走了那尊男根像，早晨裝著一副不知道的表情離開了旅籠屋。後來，商人竟然真的發了財……

我本以為偷走神像會遭天譴，而且也不知道商人最後是不是真的發了財……故事結束得有點不清不楚，但畢竟這本書是根岸鎮衛紀錄從別人那裡聽來的故事，所以應該也不會知道商人後來的下場到底是什麼。

以前的人不只會為了懷孕和遇見好姻緣而拜男根，還會向祂祈禱生意興隆，有如財富豐饒的象徵。

我很想多引用一些關於男根與祭祀活動的故事，但接下來就是最後一則了。以下故事出自喜多村信節的《嬉遊笑覽》，於文政十三年（一八三〇年）出版，是紀錄整理當時文化風俗的隨筆集，裡頭關於祭祀陽具的記述如下：

東國盛行祭拜用石頭雕成的男根，而在津輕則有銅製的神像。這些男根像原來是道祖神，以前游女們會去祭拜道祖神，但現在的娼家裡就會直接拜男根形象的神。不過這算是近年來的習俗，是不是自古流傳的，就不清楚了。

在這段文字之後，作者也引用了《耳袋》中祭祀男根發大財的故事。在地的文化風俗，是當地人與生俱來、覺得這是理所當然的常識，並代代傳承下去的。所以就算被問到以前的事情，因為那時自己也還沒出生，所以多半並不清楚。不過，根據我讀過的各種江戶時期文獻，當時模仿性器做成的精雕，的確是人們合掌祭拜的對象。

春畫中的性器表現，是向讀者傳遞畫中女性年齡、性格的重要符號，這在拙著《我迷上春畫了》（日文版由CCCメディアハウス出版）的第二十一話〈女人的年齡與性〉中也有提到。隨著年齡和成長，毛會逐漸長齊，性器的皺摺和色澤也會變得複雜，這些作為繪畫的細節表現相當有趣，也是能吸引人們關注的部位。如果站在「身體的變化會引來人們的關心」這點，那乳房能吸引目光的時機，大概就像白倉敬彥所述，是乳房因懷孕而變大的狀態下吧。

春畫是描繪性活動的風俗畫，而像乳房產生身體上變化的狀態，屬於特殊的期間，所以才會被當成畫作的題材吧。

小結

在這一話中，我比較了陰戶和乳房，以及討論關於乳房作為性的對象，寫的時候其實心裡也擔心，這件事本身，在現在這種世道上，說不定會招來一些反對聲浪。但對於社交平台上那些關於「江戶時代作為性愛對象描繪的乳房」的評論，我實在太想要做出一些反駁了，於是就有了這一話的主題。

關於「江戶時代的人不關心女性乳房」的意見，我認為「這是因為江戶時代的日本對性器官的信仰太強，才會讓人有這種感覺」。這並不代表當時的人，就對女性的胸部毫無興趣和關心。

18 〈實驗〉有辦法讓下面的毛變得香香的嗎？
——我試著點香了

陰毛的功能是什麼？

以前，在推特上有篇貼文爆紅了。

「陰毛大概只有讓肥皂起泡的功能吧？」

我看了差點噴出嘴裡的咖啡，但也一邊覺得，真的是這樣耶！心裡頗為認同。因為會從內褲邊炸出來，或是生理期很難清洗陰部等理由，而選擇除毛的人大有人在。我會因為當時的心情，而決定要不要留陰毛一條生路，但我一個朋友說：「樓下剃光光，可以讓人打起精神來喔！」所以在我心情低落的時候，為了重振元氣，會拿剃刀把下面剃成白虎。

關於江戶時期的女性怎麼處理私處毛髮，實在找不到什麼資料，但我問了精通浮世繪的人們，他們說如果是遊女這類以賣春為業的女性，會像《逢夜雁之聲》的圖中一般拿鑷子拔毛，或是用線香的火把毛燒整齊（圖65）。

在插圖右側，正在拔自己陰毛的女性，腳邊放了一個裝滿灰的容器（叫做「火盆」），這是為了拔毛時要在患部塗灰。而之所以不用更快速的剃刀，理由之一是這樣長出來的毛會很尖銳，刺痛客人的肌膚。

回到開頭「陰毛只有讓肥皂起泡的功能」的問題，這次我想提出一種嶄新的陰毛利用法。

咦！託毛毛的福，我的那邊變得香香的了！？

畫中的女性坐在雙六盤[15]上，腳邊放著某物（圖66）。

這是在浮世繪中很罕見的場面，但其實她的腳邊正在焚香。

在江戶時代，人們還不會噴香水，而是利用焚香達到相同的功能。

如果只是想讓和服沾染香氣，把衣服掛在衣架上焚香就好了，所以這幅畫中的人，很有可能是正在焚香燻下體。

月岡雪鼎的《婚禮秘事袋》（天明八年，約為一七八八年），是一本夾雜笑料，用詼諧手法

15 用來玩「雙六（一種古典桌遊）」的棋盤。

圖65 《逢夜雁之聲》（歌川豐國，1822年，國際日本文化研究中心藏）

圖66 畫中人坐在雙六台上，對著胯下焚香。無題艷書（西川祐信，年份不詳，國際日本文化研究中心藏）

圖67 為了準備初夜而正在燻香胯下的新娘，以及偷窺的情侶。
《婚禮秘事袋》（月岡雪鼎，約1788年，國際日本文化研究中心藏）

描繪婚禮儀式的書，裡頭就有用香燻胯下的畫面（圖67）。

書中的圖片裡，新娘正在準備跟新郎洞房，貼身丫鬟為了身為新嫁娘的主子能順利圓房，也在做各種準備。丫鬟一邊焚香，一邊對害羞的少女說：「老爺是位很好的大人，小姐應該很開心吧！」主人的寶貝女兒，結婚對象是個很優秀的人，可以感受到丫鬟也像自己的事一樣打從心底開心。雖然緣廊上有對正在一邊偷窺一邊苟合的男女，卻是讓人暖心微笑的場景。

如果像這樣焚香，讓私處毛髮吸收香氣，下半身被美好香氣包圍，不就可以讓我跟伴侶都很快樂了嗎？帶著這種想法，我馬上開始實驗。

測試是否真能讓那邊變得香香的

我這次用的不是線香，而是選擇用「香炭」焚香的方法。

以下介紹香材。

香附子：帶有像焦醬油般的香氣，以及木質香

甘松：甘甜沈穩的香氣

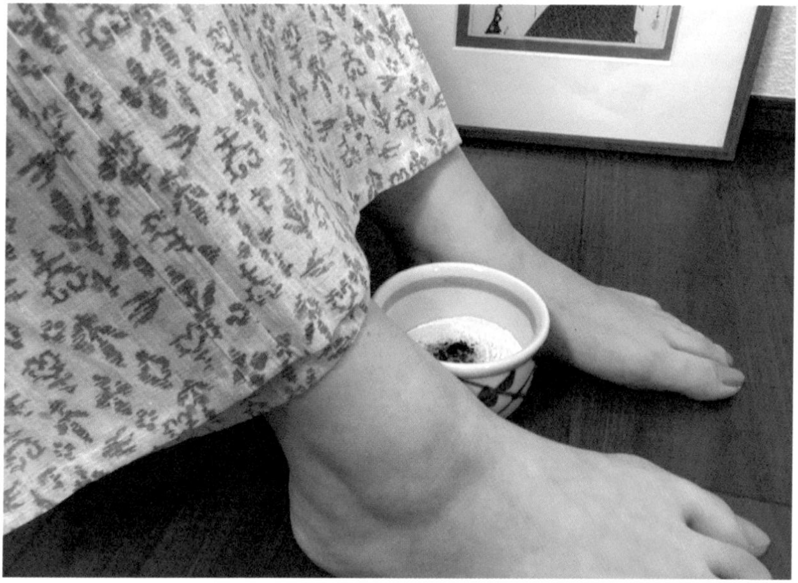

圖68 正在對陰毛焚香的筆者。究竟陰毛會不會變得香香的呢？！

白檀：帶有像肉桂般的甜甜香氣
龍腦：讓人想到體臭或鹽味的香氣

※以上香評皆為個人感想

我按照由左至右的順序，如浮世繪中畫的方法般，在兩腿間焚燒這四種香材（圖68）。

這還是我上次做完「讓人春心蕩漾之香」以來，第一次介紹香。雖然每次我用香的用途都很亂七八糟，但都是為了重現江戶時期的文化，大家要笑就笑吧。

好的，那麼我們就來讓胯下吸收香氣吧！

這一天正值日本黃金週（當時為二〇二〇年），氣溫頗高，熱得讓人噴汗，所以我穿著縮緬材質的浴衣做實驗。

我一邊焚香，一邊欣賞鏑木清方畫的美人封面插畫殺時間。

我先從「香附子」開始，卻被出乎預料的煙量給嚇了一大跳。煙量多到只要敞開浴衣就會撲得我滿臉，嚇得我匆忙用腳夾緊浴衣，然後乖乖等待香附子燒完。是一股很木質調的香味。

接著燒「甘松」。

一開始的味道甜甜的，還有一點煙燻香氣，讓我不禁深呼吸，感到很放鬆。這個下午，我一邊聽著窗外的鳥叫聲，還有鄰居家的電視聲放空，然後讓煙燻著我的胯下。外頭的氣溫是二十六度，我的海邊已經出汗濕透了。但實驗還在靜靜地持續著。

接著是「白檀」。

這是四款香材裡面最好聞的一種味道。要比喻的話就是夏天的寺廟。讓我想起去年的盛夏，某個很熱的日子裡，我到東京谷中的全生庵去看幽靈畫的回憶。

以前為了另一半，我在家裡燒白檀，結果他用一副純潔無垢、有如天使的表情說：「好像阿嬤家的味道喔。」讓我一時不知該如何反應。

香味真是不可思議，能讓被遺忘的記憶逐一甦醒。

鏑木清方的畫也看膩了，於是我就開始欣賞一起準備的磯田湖龍齋的春畫。這是一幅屁股周

圖69 我一邊焚香一邊欣賞春畫。這幅春畫是畢卡索也持有的胡龍齋作品。

邊開滿菊花，相當耐人尋味的作品（圖69）。我心神飄搖地看著春畫，從我開始在胯下焚香算起，已經過了一個小時。

我的下半身應該很順利地正在染上香氣吧。我張開雙腿，用手搧風試聞，結果卻聞不到味道。

這時香炭已經燒完了，所以我再度加炭。

好的，最後燒完「龍腦」，我的胯下也就完工了。

據說龍腦是楊貴妃的愛香，我一邊幻想美貌足以傾國的楊貴妃，一邊燒著香。

但我個人不太喜歡龍腦的味道，一點都不想燒它。

唔唔，果然這個香味很刺激。

龍腦也會被用來加在墨條裡賦香，這麼一說，我個人也滿討厭墨汁的味道的。我個人對這種味道的感想是：「帶有鹽味的香氣，深處卻藏著像薄荷一樣冰涼的清爽，然後這個味道會直接鑽進腦袋裡」如果有讀

圖70 剪下少許陰毛，正在確認是否變香了的筆者。

者覺得，到底是什麼味道啦！請一定要到香材店去實際試聞看看。

於是我就這樣花了超過一小時的時間，在試圖燻香我的胯下。

江戶時代的女性們搞不好會吐槽我說：「不用燻這麼久好嗎！」，但我本人的個性，是那種煮個隔水加熱的即食咖哩包，都會讓它一直滾到令人擔心包裝是不是會融化的程度，所以真的是燻得超級認真。

好的，來聞看看吧

首先應該要從試聞自己的胯下開始，但令人遺憾的是，我身體可沒那麼柔軟，所以只能用剪刀剪下一些毛來聞（圖70）。好啦，我知道這很滑稽。

嗯～嗯。

雖然是帶點煙燻感沒錯，但要是問我說這是不是香的

圖71 期待美好的夜晚，畫中人正在誠心燻香枕頭。
《翠簾之內》（西川祐信，年份不詳，國際日本文化研究中心藏）

味道，我只能說這是一個謎。要比喻的話，就是「煙燻陰毛」的感覺？不過話說回來，那件浴衣到了隔天，倒是都還有著一股混著白檀和香附子的好聞味道。

我向另一半伸出胯下，但畢竟我年紀比他小，所以還是很有禮貌地拜託他聞一下我的該邊。

「唔──────嗯。是阿嬤家的味道呢。」

他再度坦率地說出了感想。沒關係啦。反正我也很喜歡阿嬤家那股混著線香跟和服防蟲劑的味道。

因為實在太熱了，我脫掉浴衣去沖澡，偷偷試著用陰毛讓沐浴乳起泡，結果泡沫馬上變得又多又綿密。

順帶一提，雖然這次的實驗中是對著胯下焚香，但以前似乎也有像上圖般對枕頭燻香的做法（圖71）。畫中人今晚一定是要跟心愛的達令睡覺吧。真是一個可愛的畫面。

這次進行了「陰毛除了拿來打泡，是否還可以沾附香氣增添情趣？」的實驗，結論雖然是「會獲得煙燻感的陰毛」，但如果使用煙量較少並添加香料的線香，說不定就能得到帶有華麗香味的私處毛髮喔。

但，想試試看的讀者，千萬拜託小心，不要讓陰毛或衣服著火了。拜託拜託。

19

快來我的最深處！請你每天都光臨！「無尾熊抱」從古代就有了

一旦High起來就會本能地開始「無尾熊抱」

根據Google老師的說法，「無尾熊抱」是：

從正面抱緊對方，用自己的四肢緊緊纏住對方的身體。

無論是舌頭還是指頭，甚至是私密的各處粘膜，跟喜歡的對象交纏到極限的瞬間，就會有種「快來我的最深處！請你每天都光臨！我要發年票給你！」的感覺，不自覺抱緊對方對吧？（對吧對吧？）

腦內就像遊樂園一樣，甚至辦起了花車遊行。

對現在的我而言，比起夜裡的大運動會，我覺得讀日本的傳說集還比較開心，所以雖然有些模糊，但以上就是我「無尾熊抱」時期的記憶。

在「無尾熊抱」的時候，應該不會想著「現在幾點了？」「完蛋，明天便當的飯還沒煮，如果做完了直接睡著，明天就沒飯吃了」之類的瑣事吧。感受眼前的愛意，集中在「現在這個瞬間」，簡直就像是一段有如冥想的時間。對自己、對周圍的人事物，也會變得更友善溫柔。

這種「無尾熊抱」般，用四肢纏住對方的體位，從距今大約三百四十年前，菱川師宣的《戀之睦言四十八手》（延寶七年，一六七九年）中就曾介紹，當時的名稱是「四手」。

行此道中，無論何等荒唐話，皆無有勝此手者。
夏之始，帳中行四手，中之人則如雜魚寢。

看起來應該是沒有任何體位能贏過它。

在早期由畫師親筆繪製的春畫繪卷《小柴垣草紙》中，也畫出了無尾熊抱的姿態（圖72）。有一說認為，《小柴垣草紙》的原本，是平清盛的女兒「建禮門院」在承安二年（一一七二年）與高倉帝結下婚約時，她的姑姑送她的新婚禮物。這組畫的原本已經全部亡佚了，但江戶時

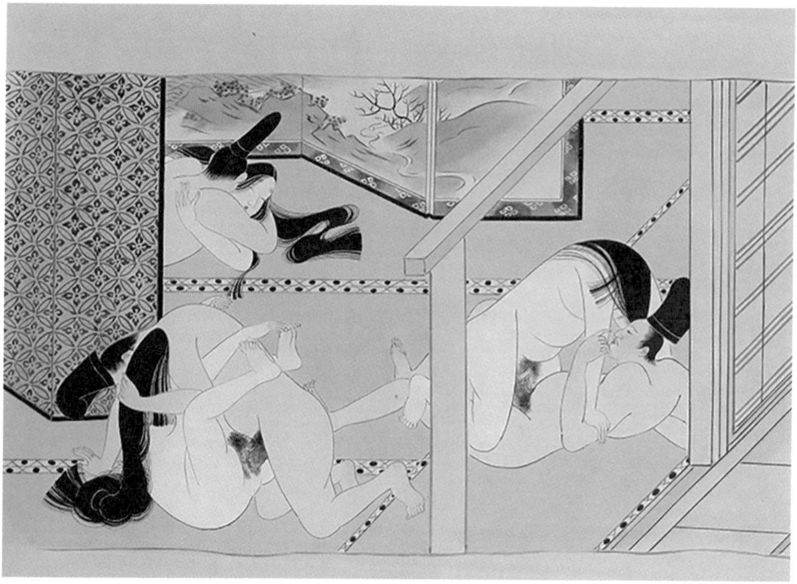

圖72《小柴垣草紙》（畫師不明，江戶後期摹本，國際日本文化研究中心藏）

期出現許多摹本（臨摹畫），所以我們還是可以想像一下原本的繪卷是長什麼樣子。

光看摹本中畫著男子幫女性口交、六九的畫面，如果這真的是姑姑送給姪女的禮物，選擇這套繪卷當成新娘的洞房指南書，這位姑姑真是太有Sense了。不過姑姑也可能想著姪女的新郎說不定是一個喜歡口交跟六九的男性，為了讓姪女有心理準備才送她這個（也有可能是姑姑根本沒仔細看過裡面畫了什麼）。

這套繪卷的背景題材，是寬和二年（九八六年）實際發生的宮廷大事件。

皇女濟子（讀作「Nariko」或「Seishi」）暫居距離京都不遠的野野宮，在齋宮（供生涯未婚、侍奉伊勢神宮的皇女「齋王」居住的宮殿）中，濟子正在為了準備參拜伊勢神宮，而過著齋戒沐浴的生活。但就在濟子住在齋宮裡的第九個月，開始出現她與負責守衛野野宮的大帥哥平致光私通的傳言。結果兩人就被神社驅逐出境，靈地參拜的計畫也延遲了。

齋戒沐浴期間，交合行為應該是嚴格禁止的，被慾火燃燒的兩人，在無尾熊抱時還記得「理性」兩個字怎麼寫嗎？依照場所和情況，交合行為有可能變成邪穢，想到這兩人明知道這點，還硬是要來場如此猛烈（！）的性愛，就能看出繪卷中的兩人，是如何在背德感和性慾夾擊下完成交合的。

圖73 「袋入」，出自《戀之睦言四十八手》（菱川師宣，1679年，引用自白倉敬彥《春畫之色戀》，講談社，第96頁）

喜歡對方到想吃了他時做的「袋入」

你有沒有看過一對戀人裹著床單的清爽畫面呢？在雜誌的性愛專題中，看到裹著白色床單正在嬉戲的情侶，我的心中總會湧現一股「好美」的情緒。裹在像繭一般的白床單裡，戀人們就像正在用愛的絲線織著綢布。

這種「被床單（＝寢具）裹著的兩人」主題，在春畫中也很常見，但江戶時代的春畫中，還有一種是用自己身上的和服罩住對方，就像用和服抱緊床伴的場景。

圖74 因為太可愛了，所以要用和服把他包起來。與《戀之睦言四十八手》的「袋入」插圖十分類似的〈風流圖色法師〉（西川祐信，1714年，國際日本文化研究中心藏）

這種被東西裹著做愛的行為，最極端的例子，就是《戀之睦言四十八手》中的「袋入」。

是法備妥諸品尤佳。或將隱女、隱男置入袋中用之，用時自袋穴行之。

根據說明，如果想把不想曝光的對象藏起來時，就可以利用這種「袋入」法，春情難耐時，就從袋口掏出對方的生殖器，然後盡情性交，是一種毫無節操的玩法。這簡直就是把對方當成活的飛機杯或是假陽具。連浪漫的「ㄌ」字都找不到。

而「袋入」這個名稱的由來，據說是中世的親筆春畫繪卷《袋法師繪詞》（圖75）。

《袋法師繪詞》和《小柴垣草紙》一樣，都是早期春畫繪卷的代表性作品，據傳原作者是十四世紀的大和繪師飛驒守惟久，近世也有許多摹本。

圖75 從袋口拉出法師的男根並性交的樣子。〈袋法師繪詞〉（畫師不明，江戶中期摹本，國際日本文化研究中心藏）

雖然各版摹本略有出入，但以下還是介紹一下這套繪卷的故事大綱。

故事的主人公是一位法師，他在詣神的回程，遇見正在因為無法渡河而煩惱的三位官家女子。法師說可以帶她們過河，於是讓三人上船，但當船行至河中沙洲時，法師突然對三人說「讓我幹一發」。無法自己渡河的三名官女，只好哭著跟法師做了。順利渡河後，法師心情很好地把三人送回宅邸，卻在幾天後再次現身在官女們的面前。（真是不該讓他送回家的）看到再次出現的法師，她們都慌了（這種傢伙出現本來就會引來騷動吧），要把法師趕出門，但法師卻裝聾作啞，坐在她們的房間裡一動也不動。被厚臉皮的法師纏到受不了的她們，只能把法師藏在大布袋裡，到了夜裡再次讓法師得逞，但即便天亮，法師都一副沒有想回家的樣子，三人沒辦法，最後只能跟尼御前（出家的貴族女性）說了。

想不到尼御前非但沒把法師趕出宅邸，反而還跟袋中的法師做了起來。一開始法師還覺得真是賺死了，但每天晚上被官女和尼姑榨精，最後終於連腰都直不起來了。法師最後一邊說著「撿回一命真是太好了」，拖著被榨乾的身體回到古寺。

一開始覺得「幹到飽真是太讚了！」的法師，最後卻被女性的性慾羞辱到啞口無言。這才真的是一個連浪漫的「ㄌ」字都找不到的故事。

這種用布袋包裹全身、只露出性器官交合的「袋入」畫面，我還真的沒在《袋法師繪詞》以外的作品裡看過，但光從把對方包裹起來的行為，就可隱約看出對對方的佔有慾。

在春畫中，也可以看到女性把若眾裹起來的場面，年長女性用和服包裹年輕男性的描寫，就像是具象化了覺得年輕男性「真可愛」的情緒，甚至是「可愛到想吃了你，想讓你變成我專屬的東西」的濃烈情感。

要如何避免不完全燃燒的性愛？

兩個人一起享受夜間的大運動會，如果彼此都能得到滿足當然很好。但看起來即使很恩愛，但有些人也可能會有想要對方改善的地方，卻又難以啟齒。在《新撰古今枕大全》（明和年間，約為一七六四～七二年）這本書中，以諧趣口吻介紹了戀愛類型、戀愛結婚的必勝心法，以及性愛體驗談等內容。

這本書的內容，即使現在讀也會覺得很有趣。書中也提到性愛時和伴侶的想法不一致，像是女性對男性那些開不了口的心聲，以及相關的對應方法，簡直就像是性愛諮商師寫的一本書，讓我很是感動。以下就摘錄部分翻成現代文跟大家分享。

大體而言，男性之間在分享女性膚質好壞，以及玉門緊緻度等話題的時候，心裡都不會有什麼罪惡感，但女性無論對任何男性，都會避而不談性話題，即使對女性朋友也一樣。男人在性愛方面，也會有技巧高超跟低劣之分，無法讓女性開心的，也大有人在。首先，在性愛中能看出女人是否真的有感覺的男人，實在是太少了。因為女方很難主動開口要男人趕快插進去，所以男人在前戲時要記得用眼神交流心意，即使女方呼吸變得急促，貼到男人身上，並抓著玉莖抵著自己的玉門，男人也不可以猴急，而是要繼續說些溫柔的話語，一邊撫摸女性的腹部和背部。等到要插入時，記得一開始要淺，慢慢地向深處推進，即便女性已經扭得有如忘了羞恥，也不可以有所動搖，保持這樣的精神慢慢進行。

拙劣的男人，覺得女人只要被插到最深就會滿意，所以一心只想著要往最深處捅，然後只顧自己一個人爽。女人只會在心裡覺得「這個男的已經要射了，真是不過癮」，但也不會跟男人說「我還要做更久一點，我想要更多的高潮」。完全不知道這些心思的男人，只是拼命擺動腰部，然後女人本來想著要到長崎的，結果才到播磨安藝[16]一帶，男人就射了，而且臉上表情還滿是一副「老子讓女人很爽」的成就感。女人明明就還沒滿足，但這種時候也很難自己開口說「我都還沒高潮，你再動一下讓我洩一下嘛」。

性愛以這種形式收場，就算要睡，女人也會因為心裡意猶未盡，而輾轉難眠。

這是什麼負面循環啊，根本就地獄嘛。

技巧拙劣的男人，一廂情願地以為插到深處對方就會舒服，自顧自地狂捅亂插，只顧自己一個人爽。如果拿兩個人要一起去長崎旅行做比方，這個男的就像是回過神來把女友扔在半路，自己一個人抵達長崎的人。而且看到男的對此還毫無自知，並擺著一張已經讓女人滿足的沾沾自喜表情，女方恐怕也很難開口說：「我還沒到，繼續做啦。」

這個「說好一起去長崎，卻只到了播磨安藝」的比喻，直接戳到我的笑點，在Word打白話文翻譯的時候，笑得樂不可支，但想到如果我是當事人的話，大概就笑不出來了。

《新撰古今枕大全》中，對於男女在性愛時的認知差異，接下來是這麼敘述的：

16 播磨位於兵庫縣，安藝位於廣島縣，兩者都離長崎很遠，用台灣地名來比喻，大概就是說好兩人要一起去墾丁，結果女方在苗栗、台中就被丟下車的概念。

男根未必粗就好，也不是塗上讓人喜悅的藥就好，而是在插入時能讓女心蕩漾。靜靜地動作，直到玉門充滿潤澤，抓準時機再開始擺動腰部。就算男根又細又小，也能讓對方舒服。男人總是會說女人喜歡粗大的男根，但光是碩大的男根，是不會讓女性舒服的，所以請不要相信這類迷思。

這段內容是說，最重要的不是男根的尺寸，使用秘藥也未必能讓對方滿足。有如寫給那些對性愛或自己的男根帶有自卑的讀者。

其他還有，「男人一上床就會想摸女人的玉門，這萬萬不可」之類的性愛建議，雖然這是理所當然的，但應該就是有人會這樣做……。

在我看過的性參考書中，盡是些用插圖解說性器官的好壞啦、教人用性玩具和藥物讓女性變得淫亂的啦，或是男人角度寫做愛時的步驟教學等等。先不論這些資訊正不正確，但像《新撰古今枕大全》這樣，能指出男女在性愛時的認知差異，以及容易失敗的雷點等等，實在是一本非常稀有的書。

根據此書的作者所述，真正讓人舒暢的性愛，簡直就像是散落各地的日本群島合而為一的感覺。這個比喻也過於壯闊了！

他也在書中對女性非常認真地說：「如果結了婚，一定要把這些內容告訴丈夫」。幾百年前的文獻中，這份「難以向伴侶開口的想法」，以及情感的差異，我認為現代人也會深有同感。

江戶時期的性典籍中，就有女性比起男性需要花更多時間才能達到高潮的說法。我相信此書的作者，一定深知男女之間在性愛上存在著進度差異，所以才執筆寫下這些現狀和解決方法。江戶時期與性有關的文獻中，多半都是站在男性至上的立場寫的，所以我讀到這本書時真的很震撼。「如果結了婚，一定要把這些內容告訴丈夫」這份堅持，當時一定至少拯救了一對在性愛中面臨危機的夫婦吧。

既然兩個人說好了要去長崎，就希望路上一直恩恩愛愛的，然後最後一起抵達終點。最重要的就是路途中的溝通互動，記得不要馬上摸女生的胯下，也不是只要插到深處就可以讓女生舒服喔（笑）。

這樣一來，日本全國就會團結一致，兩個人的心意也一定可以合而為一。

20

性愛的「要去了」到底是要去哪裡？
——性愛與死亡的關係性

「去了」的語源到底從何而來

隨著時代演進，有很多詞彙的確消失了，但也有像「素股[17]」「雁高[18]」「去了」這類，流傳到現代的詞語。

特定的詞彙之所以會一脈相傳到現代，理由之一就是這些詞彙相當精準地貼合身體的實感。

例如做愛時說的「去了」，同義詞還有一個「要掉了」，但現在絕大多數使用的都是前者。

關於「去了」的由來，網路上有很多文章。

最常見的說法是：

「『去了』這句話跟日本的宗教觀有關，指的是『逝去並前往極樂淨土』的意思」

「西洋比較會用『Come（來了）』」

我看到的多是這類說法。

閱讀這些觀點，確實會覺得好像是這樣……而被說服。但這些文章中，卻沒有具體解釋為何做愛時喊的話會跟宗教觀有關，以及為什麼「啟程前往西方極樂世界＝逝去了」會變成「（指性高潮的）去了」（說到頭，最早提出這種說法的人到底是哪位呢？）。

我決定自己也來調查一次，看看這個「去了」到底是什麼現象，並思考「『去了』的語源，以及是從何而來」的問題。

能帶來強烈心理震撼的「去了」

首先，我們先來理解一下，性愛中的「去了」到底是指什麼現象呢？

網路上的文章認為，「去了」就是等同「高潮」的現象。

但根據《高潮的科學》，高潮現象的定義其實有很多種，我摘錄其中一種如下：

■女性從性反應直到高潮為止的生理現象

17 在日文中有兩個意思，一個是用性器官互相磨蹭，另一個則是用大腿夾著男性生殖器模擬插入的行為。
18 龜頭頸部的高度，指陰莖莖幹與龜頭連接處的龜頭冠尺寸。

（1）想像、幻想、記憶、感覺的刺激

↓

（2）流入陰道的血量增加、陰道腫脹、陰道開始分泌體液

↓

（3）【這裡就是高潮】肛門管下方及骨盆下方的肌肉收縮、子宮收縮、陰道收縮

↓

（4）滿足感、放鬆（生殖器充血量減少、肌肉緊張緩和），恍惚的感覺

這本書中做了一份問卷實驗，要人們描述高潮，許多人都回答「突然有一股像是腦袋融化了的感覺襲來，然後是一口氣解放了的高昂感」或是「從在那之前的行為中堆積的緊張，一口氣解放的感覺。這份解放感是無與倫比的快感，讓人興奮」。

在前述的性生理反應與高潮的說明中，把肌肉緊張和性器官的收縮定義為「高潮」，但人們實際的感覺上，高潮卻是從身體的興奮、緊張，直到肌肉緊張的緩和放鬆之間的一整套流程。這才是所謂的「去了」。

從問卷中也能得知，「去了」這件事，比起身體的哪個部位感受到了什麼，帶給心理的衝擊

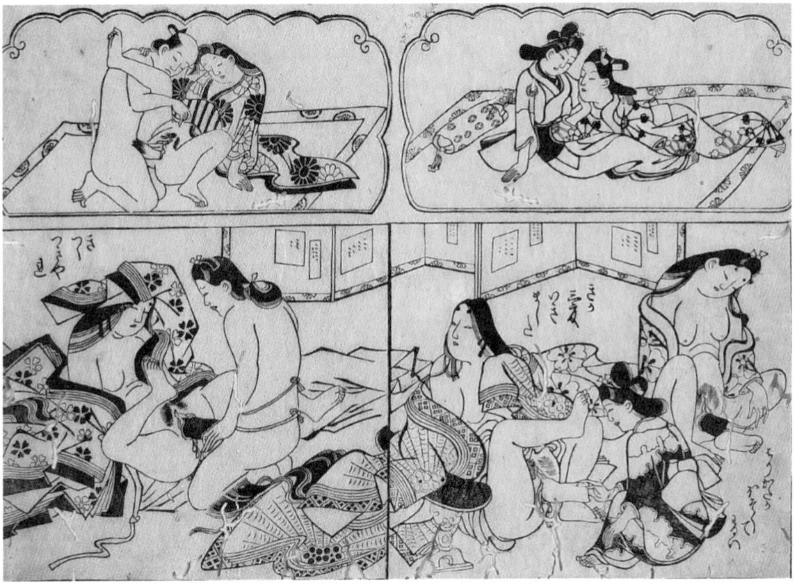
圖76 《床之置物》（菱川師宣，1681～84年，國際日本文化研究中心藏）

更大。所以，「去了」的感受也因人而異。

從「去了」的詞義深入探索

我們現在已經掌握了高潮的現象，那字典裡面又是怎麼說明「去了」這種現象的呢？

我翻閱笹間良彥編著的《好色艷語辭典》，裡頭對「去了」一詞的詞義是這麼解釋的：

指抵達歡喜的巔峰之意。（中略）通常用於「精氣去了」的意思，指「給對方精氣」，也就是充分抵達的意思。

閱讀江戶時期春畫的圖說，也常可看到「氣往矣」「遺氣」等辭彙。

菱川師宣的《床之置物》中，有句台詞是「氣去了三回」，竟然可以數去了的次數。畢竟很難找出到底是從什麼時代開始用這種「氣去了」的表現，所以也很有可能是從江戶時代的很久以前，就有這種說法。

接著讓我們從古語辭典裡面查「氣去矣」「氣往矣」「遣氣」的意思。

在《角川古語大辭典中》，查詢「氣」「行（往）」以及「遣」，出現了以下的解釋，讓我摘錄一些例子：

【氣（き）】

森羅萬象的生命力的發動泉源，肉眼不可見的自然活力。也可指人類等有情物，在肉體和精神上活動的原動力。內在的內心活動。

【往（いく）】

與「行」同義，但比起「行」較不口語，帶有俗語的性質。②近世多用「往」，有時也可看見幾乎完全不用「行（ゆく）」的情況。

1. 說事情。
2. 事情如心裡所想般發展。
3. 做得到、辦得到。
4. 心緒朝向對方，迷戀對方。

5.洩精。遂情。性快感達到巔峰。

【行（ゆく）】

①指人或動物移動的行為。或是車、船等交通工具移動。主要指持續的行進或通過。
②特別指人乘上馬、車、船移動的行為。
③移動並到達某處。
④從某個地點開始移動。主要指離開的意思。
⑤指河川之水流動。
⑥時間推移。
⑦年齡增長。
⑧死亡。前往他界。

【遣（やる）】

①使役某人行動。
②將物品給予他人。
③使物品朝某方向前進。
④目標語為心、心思、憂慮等心理活動時，表示讓這份心情遠行的意思。

確實「行」和「往」都帶有「逝去」的意思，也難怪這些網路文章會覺得「去了」的由來是「逝去」。但這種說法並沒有考慮到，在江戶時期的春畫中，會使用「遣氣」一詞，根據古語詞典，「遣」字中可沒有「死」的意思。

所以，如果綜合考慮江戶時代同時會使用「氣去（往）矣」「遣氣」這兩種詞彙，性交時發出的「去了」一詞，應該就不帶有「逝去」的意思。

進一步說，性交中的「去了」，與其說是用來表現「逝去（死了）」的意思，不如說是「前往不是現在所在地的地方」的意思，也就是用來形容「**精神和心要前往一個並非現在所在地的位置**」的狀態。

就像前面所說的，考慮到高潮這種現象帶給心理的衝擊感更大，所以「去了」所要表現的，應該不是高潮時肌肉收縮這種容易因人而異的「肉體的部分」，而是「精神和心要前往一個並非現在所在地的位置」的「內在部分」，這種心理狀態化為詞彙就是「氣（精）去了」「遣氣（精）了」，並流傳到今天。

身體的能量「精」「氣」洩漏之說

雖然我前面提出假說，認為「氣去了」這個詞是用來形容「精神和心要前往一個並非現在所在地的位置」，最後才變成「去了」，但其實在我心中，還有另一種可能。這是受到古代中國的房中術影響，認為精、氣、神是一種能量的思維。

在《難波鉦》（延寶八年，一八六〇年）中，用「漏精」表現交合的快感以及高潮。古代中國認為，人體最重要的能量就是精、氣、神。精是支持生命活動最重要的要素，神是心和腦的活動，而精和神都是由氣變化而來的能量。氣是天地間充斥的能量，人類的肉體也是由氣組成。天地間的陰陽之氣若能順利交流，就能取得自然的平衡，所以對我們而言，陰陽的交流，也就是經由性愛的交流就非常重要。

房中術的思維是，如果想提高神（也就是心）的活動，就要盡可能保住它的養分「精」，讓精不隨便洩漏，並且在交合過程中，盡可能從對方身上取精，如此就能健康長壽。根據古代房中術，精會因著交合時的快感或高潮而洩漏。而在江戶時期的性書中，精字標註的讀音不是「Sei」而是「Ki」，這也挺耐人尋味的。

所以，無論是「遣氣」「漏精」還是「氣去了」，很可能原本都象徵著體內的生命能量流到對方身上。隨著時代演變，「氣去了」的「氣」被省略，於是變成「去了」。而日文中的「遣（やる）」，也有把東西給別人的意思。

如果感到高潮時，帶有「把自己的氣和精送給對方」，就可以理解春畫圖說中偶爾會出現的「遺氣」是什麼意思了。以下是我個人的感覺，但就我的閱讀經驗而言，隨著時代演變，春畫的圖說裡最常看到的詞彙，不是「遺氣」，也不是「漏精」，而是「氣去了」。

至於為什麼只有「遺氣」和「漏精」兩個詞隨著時代被淘汰，我們現代人又是為什麼已經不再使用它們了呢？這是一個未解之謎。覺得快要高潮的時候，雖然會喊著「要去了、要去了」，卻不會說「要漏了、要漏了」。畢竟「要漏了、要漏了[19]」會變成別的意思（笑）。

說到「要漏了」，以下舉的例子雖然超級荒謬，但我是認真的。比如說，有個女性在性交的過程中感到猛烈快感時，喊著「要漏了」，然後從女陰流出或是噴射大量體液。這些液體在江戶時代的性典籍中被稱為陰水、淫液或津液，有如滿載精氣之水，也充滿了能量。所以當時認為，把這些體液喝下肚，就可以讓人健康又長壽。

換句話說，如果女性喊著「（精）要漏了」，一邊從女陰流出液體，從房中術的觀點看，這些都是精氣，所以用「（精）要漏了」這個詞也沒有任何問題，根據房中術的邏輯，是說得通的。

性交與死、宗教感的關聯

好的，雖然到目前為止，我們已經歸納出結論，認為「去了」的由來並非「逝去」而是「行往」，但也很有可能存在一個詞，把性交時的快感和活人不曾體驗的「死感」連接在一起。

在《好色艷語辭典》中，有一段關於死與銷魂感的內容，相當有趣。

【愛死】

在男女房事中，達到絕頂高潮時，女性常常會喊著「死了死了」或是「要死了」。這種複雜的情緒，融合了擔心自己會死於狂喜的不安、對精神不穩定的恐懼，還有這一秒還在因不斷搖晃而欣喜，下一秒就可能墜落無窮深淵的害怕，是兩種極端合而為一時碰撞出的火花，也是瞬間的即身成佛。從印度的古代宗教與哲學視角看，男女性交的意義是陰陽合一造就的一元，是宇宙與自我合體的「梵我一致」，也是終極的開悟。而歡樂快感的絕頂，既是無，也是空。體驗這種無與空的人，會誤以為是人類的生命力感正在流失，而不自覺說出「要死了」等話，這正是愛的極致感。這種愛死的感覺令人驚恐憂悶，於是人會為了從這種快感中逃脫，而試圖伸直背脊、扭動腰部。

我經常覺得每個人類身上，都存在著「承受不幸的極限」和「承受幸福的極限」，照這道

19「漏」在日文中也可指失禁。

理，應該也會有「承受快感的極限」。

換句話說，或許是因為當人超越這條界線時，會把未知的恐怖和漠然，與「死」的形象重疊在一起，於是不自覺地喊出「要死了」這句話。

在這本辭典中還有很多有趣的說法，像是稱呼性交時插得極深，把女性帶往高潮，然後再輕輕拔出，讓對方感受到復活的感覺為「死往生返」，或是把性愛時帶給對方滿足感的行為叫做「五利生」等等。「五利生」的由來是佛菩薩向眾生廣施恩澤的「利生」，想必是想要藉此表現性愛可以同時帶給雙方恩惠吧。

「『去了』的語源，以及它從何而來的問題」的決定版假說

這一話的主題是「『去了』的語源，以及它從何而來的問題」，我把「行」「遣」的意義納入考慮後，提出兩種假說。一是認為「去了」比起「逝去前往西方極樂世界」，更像是代表「精神和心即將前往一個並非現在所在地的位置」的概念，表現從高潮的興奮和緊張中解放的心理狀態；二是認為「去了」帶有古代房中術中人體的氣和精等能量，隨著性愛的快感而洩漏的含義。

無論哪種，都不能否定性交時的快感與佛菩薩的恩惠、未知的「死」有所重合。

順帶一提，雖然我們已經知道高潮未必只能靠刺激性器官來達成，但像是人腦中到底是哪個部位負責高潮時的官能興奮感等等，還有很多未解之謎。

即使未來科學界成功搞懂了所有高潮的機制，我們在自慰或性愛的高潮時，還是會繼續使用「去了！」一詞，而對我們而言，性愛就是「五利生」，這點是不會改變的。

21

想讓那裡變緊緻嗎？——試用江戶時代的秘藥

讓那裡變緊緻的藥？

溪齋英泉的《閨中紀聞 枕文庫》是我在研究江戶時代坊間流傳的性資訊時，常參考的性典籍，書中就記載了以下的秘藥配方。

【金屋得春湯】

讓陰門（※1）變得緊緻的外用洗劑

・石榴皮

・菊花

……各等分

右記藥材研細末，水一杯煎至七分，以此洗陰門，猶如新開（※2）。

圖77 讓胯下變緊緻的藥，材料是石榴皮和菊花。

只要煎煮石榴皮和菊花，拿藥液洗胯下，就能擁有處女般緊緻的陰部？？

這時我心中產生了一個疑問。

「話說到頭，為什麼會覺得有必要讓陰部變得像處女一樣？」

英泉所說的如處女般的性器官，具體一點來說，就是外頭飽滿，裡頭緊緻的性器。

我決定繼續深入探索這個疑問，實際重現這種外用洗劑，並思考為什麼江戶時期的人會覺得「性愛時女性的胯下越緊越好」。

※1：指女性的性器官

※2：指處女的陰部或處女

製作沖洗用的藥

首先準備前面介紹過的石榴皮和菊花（圖77）。

石榴皮是把成熟石榴果皮曬乾後製成的藥材，現在在中藥店也有賣。

我這次是在網路上買的，但在那之前我為了先調查一下，曾跑到中藥店問有沒有賣石榴皮，結果店家說很少有人會買石榴皮，還一臉很有興趣地問我：「您是要用來做什麼的呢？」

我實在是無法開口說出「我是要拿來做江戶時代文獻裡記載的拿來洗胯下的藥……」，所以就用「沒有啦，有些想調查的事……」矇混過去。

把石榴皮和我努力摘來的菊花丟進鍋中，突然覺得這個配色很像雞蛋和碎肉的丼飯，看起來還挺好吃的。配方說是要在鍋中加水並煮到七成，這時我又有個疑問了：「煮到七成，到底是要用多大的火力煮多久啊？！」我猜應該也沒人知道，所以就靠直覺煮下去了！直覺！

週末的下午，我用文火咕嘟咕嘟地煎藥湯，房間裡飄散著菊花的芬芳，讓我的心情都好起來。然後隨著時間過去，菊花香氣逐漸變成中藥味。

稍微舔一點點看看，結果好苦。

石榴的皮裡有大量單寧，說不定是把這些苦澀成份也一起煮出來了（圖78）。

圖78 煮好的液體。

但光是這種程度的步驟，就已經讓我覺得自己像是江戶時代製作妙藥的職人了。

好的，水的顏色也變得很深了，所以就用濾網把它過濾一下。

完成的外用洗劑長這樣。

是一種顏色很像蒸過頭的紅茶的液體。

我試著沾一點液體在手臂上，並沒有感受到什麼刺刺麻麻或是癢癢的感覺，所以就前往浴室，微量地在胯下塗了一點這種秘藥。（我相信各位讀者不會這麼幹，但請大家不要模仿）

來吧！到底這個秘藥能不能讓我的樓下變緊緻呢？

「……咦。……？……什麼都沒發生……」

在我的想像中，應該會是胯下的肉在藥劑刺激下，突然收縮變得緊實的感覺？

但卻什麼特別的變化都沒有，只是在胯下塗了溫水的感覺。

毫無變化。我的胯下平靜無事。

我想了半天的結論是，如果要說這種藥能帶來什麼好處，頂多就是讓沾到藥劑的指頭染上菊花的香味而已吧。這個藥的藥效，就是弱到我只能想到這些。我是沒辦法把臉湊到自己的胯下去聞看看，但搞不好我的胯下也充滿了花香。

不過如果塗完這個藥以後要讓伴侶口交，畢竟石榴皮和菊花的苦澀成份嘗起來很苦，最好還是用水把下體沖乾淨。

我做好的藥放了幾個小時後，呈現像放久了的紅茶一樣的白濁霧狀。比起準備液體的時間和人力成本，效果卻令人尷尬，但英泉卻也在自己的其他著作中介紹了這款秘藥。

性愛時胯下的緊緻度，究竟為什麼如此重要呢？

為什麼性交時男人會追求女人胯下的緊度？

閱讀江戶時代的性典籍，常可看到性愛時「好的男性器」和「好的女性器」。《百入一出拭紙箱》（安永三年，約為一七七四年）中，就曾提到「上開」，也就是性愛時的極品女性器。

上開之相。第一、附所較高。兩側隆起如饅頭，毛量不多不少，觸感如天鵝絨。陰核兩側收攏，內部溫暖，深處有一肉塊。緊緻能挾一物。如此，無論該處大小，皆能相應。

簡單說就是，穴的位置要偏上吊，外陰部左右的肉要隆起像饅頭，陰毛不多不少，摸起來要像天鵝絨。裡頭則很溫暖，緊緻得像夾住男根一樣的性器。

《閨中紀聞 枕文庫》中也認為，優質的女性器，應該要肉肉的，位置有點上吊，然後要非常緊緻；反之不好的女性器則會下垂。

在江戶時期的出版品中，把能像巾著袋口一樣從根部包緊男根的性器稱為「巾著陰門」，據說性愛時能讓男性非常爽快。無論哪種說法，當時人們對於女性器的緊緻追求，是無庸置疑的。

有趣的是，相較於江戶時期的書籍中常可看到「重要的不是男根大小，而是技巧」這種說法，卻幾乎沒有看到「重要的不是女陰緊不緊，而是技巧」這類內容。當時的人似乎是認為，男性器的大小與生俱來所以沒辦法做什麼，但女性器卻會隨著年齡發生許多變化，從新開逐漸變成稱為「古開」的鬆弛性器。

當時的日本，存在著「性交時緊緻的性器才好」的價值觀。

這裡我要強調的是，當時追求的是「像新開一樣緊緻的玉門」，而不是重視「新開」本身。

這些想法到底是從何而來的呢？

我們每天沐浴在價值觀中，但這些價值觀絕不會像奇蹟般突然出現，這是無論任何時代都一樣的。

根據Yuval Noah Harari的《人類大歷史》（中文版由天下文化出版），所謂的「想像中的秩序」（也就是「常識認為○○是××！」的「常識」部分），存在於由眾多個人主觀意識構成的溝通網路中，即便當中有一個人改變了信念，也依然不會影響這種「共同主觀」的存在。

有沒有讀者也被「性愛時女性的胯下要緊一點才好」的刻板印象困住了呢？這種迷思從江戶時代就已經存在了。

脈脈相承的價值觀，即便本人毫無意識，也可能在外部資訊的影響下，逐漸受到影響。應該也有不少江戶時期的人們，是受到這些性相關出版品的影響吧。

那麼，寫出這些江戶時代出版品的作者們，到底是受了什麼影響呢……？

有如處女的胯下是「年輕」的象徵？

江戶時代出版品中「擁有如處女般陰部的方法」以及「女性器要緊才好」的思維，究竟是從何而來呢。為了解開這個謎團，在眾多造成影響的可能性中，以下我先列舉一些從古代中國傳來的文獻。

事實上，《閨中紀聞 枕文庫》的「引用之書目」，也就是參考文獻中，記載著《黃素妙論》《唐玄宗後宮遊戲秘傳》《肉蒲團》等書目。另外，出版年代早於《閨中紀聞 枕文庫》，被其當成引用文獻的那些書籍中，認為男女達到高潮的陰陽交合有益健康，以及精液是生命之源所以不可隨便射精等說法，很明顯都是受到古代中國房中術的影響。

古代中國認為，「無限的能量是天地間的自然現象，有如小宇宙的人體生命現象，也是這些自然現象的時序具現」。

從這種生命觀，衍生出男性是「陽」、女性是「陰」，彼此相對互補的思維。

並且要順應季節，讓陰陽原理順暢運作，提升新陳代謝的同時，把精氣蓄積在體內，就能成為不老長壽的仙人。所以房中術中，也會講述男女交合時如何攝取對方精氣的方法。

第一本受到這些房中術影響的日本醫書是《醫心方》。

這本醫學書是由平安時代的宮廷鍼博士丹波康賴編撰，在第二十八卷的〈房中〉一項，記載了各種性技法，這些內容都是來自《素女經》《素女妙論》等古代中國的傳說文獻。

根據此書，適合成為男性伴侶的女性，年齡要年輕、骨骼要纖細，皮膚要白皙、細膩、柔軟，大腿要粗，身體則要緊緻。並且陰部最好沒有陰毛，觸感柔嫩。

房中術裡最崇高的事物就是「生命」。

為了控制生命，就要理解「陰陽」，也就是性交之道。年輕的能量是「不老」的象徵，為了獲得這種氣，女性越年輕越好。對男性而言，性愛要從挑選適合交換精氣的女性開始，並且為了讓男根在必要時刻能順利勃起，就需要日常鍛煉，這也是性愛前的序曲。

房中術的最終目的，並非「舒服的性愛」，而是「藉由性愛成為不老長壽的仙人」。就像《七龍珠》裡的龜仙人，靠著每天的修行和性愛，最後升仙。

在書中也記載著讓女性的玉門變緊緻的方法。

硫磺　二分　蒲華　二分

將此研為散，一升湯中加三指撮，以洗玉門。廿日後將有如未嫁小僮。

※三指撮指的是用拇指和食指取三撮的意思。

一升湯大約等同於現代的一百八十毫升。

其他還有「治療婦人陰寬冰冷、極速縮小、交接快意方」等方法，從這些方法就可看出，當時確實存在「女性胯下緊緻，男性就能來場爽快性愛」的想法。

這些書都是為了男性而寫，從頭到尾的目的都是藉由性交，從女性身上獲取精氣。所以男根如果不能順利勃起，就無法有效率地獲取重要的氣。於是書中也記載了治療陽痿，以及讓男根又大又偉岸的方法。

於是，編輯整理古代中國文獻的《醫心方》，其後也影響了許多像是《色道禁秘抄》《養生訓》《延壽撮要》《古今養性錄》《婬事戒》等江戶時代的眾多性典籍、養生書。考慮這點，可以說中國的房中思想，對日本造成了難以估量的巨大影響。

《醫心方》中引用的中國典籍《素女妙論》，在室町時代被名醫曲直瀨道三翻譯成《黃素妙論》，這本書也大大影響了月岡雪鼎等眾多性典籍的作者。

「性愛時女性器要緊緻才好」，這在房中術裡到底是不是必要，說實話我還真不知道。但這些被當成先進資訊而從外國引入的房中術內容，對當時日本的性文化發展，確實是有其必要的。當時的人想必對這些內容毫無疑心，所以江戶時期的書籍才會像這樣廣為介紹吧。

不知道過去有多少女性為了努力讓胯下變緊，而真的找了石榴皮和菊花來煎煮，但這種事情現在也已經被世人所遺忘了。

究竟性交時提升胯下的緊緻度，在生物學上有什麼生存優勢根據嗎？無論如何，在江戶時代的出版品中，性愛時最為理想的女性器條件之一，就是緊緻度。這點是不會改變的。《閨中紀聞 枕文庫》是當時的人氣暢銷書，直到現在都能輕鬆在網拍上找到，可見當時加刷了多少本。這本書一定有著莫大的影響力。就算沒有真正讀過江戶時代的這類書籍，現代的我們也多少知道「女性的胯下要緊才好」的價值觀，但很有可能覺得理由單純只是為了讓男根被包得更緊，做起來更舒服而已。不過，

「這是為了更容易從女性身上獲取精氣，進而成為長壽的仙人，所以很重要」

「上品的性器位置偏上，質地緊實」

「性愛時能讓人舒服的，就是緊實的性器」

無論附加什麼理由，自古以來人們一～～～～～～～～～～～直認為，女性的性器官就是要緊才好。

你覺得這套價值觀以後會改變嗎？

22

要怎麼樣才能跟對方甜蜜交融？江戶時期性愛指南書得以普及的背景

想跟對方甜蜜蜜

這一話中，我要從江戶時期的兩本艷書中，從不同立場介紹「性愛時讓對方滿足的方法」。站在想讓對方高潮的立場，讓我們把焦點放在男女雙方該做的事上，以及這類指南書之所以會出現的時空背景。

《男女狂訓 華美之香》

這次介紹的《男女狂訓 華美之香》（元治元年，一八六四年）中，有一項〈使強淫男弱化之法〉，告訴妻子們如何在一場性愛中讓丈夫的身心都滿足。

書裡說，如果有個超級愛做愛的老公，妻子通常不知道怎麼巧妙迴避求歡，但要是丈夫要就給他，長久做下來很可能讓子宮生病，世間也有很多染上此病的女子。為了預防這種憾事，到底該怎麼做呢？

〈原文〉

若欲防遭剛淫之夫屢犯，使其享至莖骨多弱。入閨中時，初始任男自由行之，自身亦作遺氣覺悟，故作十分嬌聲，使男戲己開。若男欲休手，則曰「不可停，再來」，引其手探女陰，執拗不放。男手怠時，陰莖亦聳，男若難耐欲火入之，則適度使其逞性，以女雙足箍男之七九，雙手扣頸，吸其口並頻吐鼻息。如行此法，縱多欲男子，亦將速速遺氣，速擺其腰，滾滾洩精。

〈意譯〉

如果想讓色胚老公的雞雞爽到軟趴趴，並減少做愛次數，就要在躺上床時，先任老公自由玩耍，自己帶著高潮般的覺悟不斷淫叫，拼命挑逗他。讓老公撥弄自己的女陰，如果他想停手，就要喊著：「不可以！我還要！」，抓住老公的手不放，讓他一直摳自己的下體，這時老公也差不多手痠了，但男根絕對硬邦邦。等到老公難耐慾火而插入，就先適度配合他，然後把兩隻腿勾在老公的七九（針灸的八個位置之一，大約位於肩胛骨和背骨之間）附近，用兩手抱緊老公的脖子。然後一邊吸著老公的嘴，故意急促呼吸，再怎麼性慾豐富的男性，也會猛烈擺動狗公腰，然後馬上射出來。

書中的說明還不只這樣。

之後還要讓丈夫爽到雞雞軟趴趴為止，這樣一來，就可以一舉榨乾丈夫的性慾，只要做一次就搞定。

先照著前面說明的方法，讓丈夫射完後，女生還要裝著還沒高潮的樣子，對丈夫說：

「人家好不容易要到了，再來，再來嘛」

丈夫聽了這句話，就算雞雞軟了，也會繼續擺動腰部。

然後女生要一邊說著：「不行，人家不要現在高潮，啊，討厭啦，都不懂人家在想什麼，真的太壞了。啊啊，再來，對，就是那裡！」並加大扣住丈夫的手腳力道，腰肢左右搖擺，讓女陰摩擦男根底下長著陰毛的區域，用力甩腰。於是丈夫就會覺得妻子是玩真的，於是剛射完的男根又會開始發力，然後猛烈地擺動狗公腰。

「啊，要去了，來，再插深一點，就是那裡~啊，討厭，啊，好開心」女方要假裝自己沈醉其中，並對丈夫說些甜言蜜語。

這時丈夫的男根其實處於還沒勃起的洩氣狀態，女陰一動，龜頭前端就會非常敏感。於是男根就會像生麵筋一樣從裡到外變得軟綿綿，丈夫的心情也漸漸轉為「拜託放過我」。

丈夫如果想逃，也會因為女陰左右搖擺，得等到男根萎縮到一定程度之後才能拔得出來，在這之前女方要一直擺動腰部。這樣一來，一次交合就能徹底榨乾精液，再強韌的男根，也會變得像棉花一樣鬆鬆軟軟。

換句話說，這套方法就是即便丈夫射精也要一直做下去，大幅擺動腰部以榨取精氣，讓他短時間內再也無法完全勃起，不到「棉花雞雞」狀態絕不罷休的恐怖技巧。

如果把主導權全部交給男性，男性會自己保留一部分的體力和氣力，過沒多久就又會想再來一發。這套計謀的精髓在於，不是拒絕丈夫的邀請，而是一次就把他的精氣和精液通通榨乾，讓他無法再來第二次，甚至不敢再邀。

這方法乍看之下好像很強勢，但確實，如果男方聽到「人家都還沒高潮」，就算已經變成「棉花雞雞」，也很難就這樣停止插入。相較於第19話中介紹的《新撰古今枕大全》中，女性難以啟齒告訴對方「我還沒高潮，想要你繼續」的這種男女認知差異，有個熱衷性事需索無度老公的妻子，心中應該也會有著「老娘不想再做了啦」的難言之隱。這種情況就建議可以比照前述方法，榨乾老公的精液。

這個方法的開頭寫道，高人氣的女郎每天要接客的次數，最少也有五～七人，生意好的日子可能多達十四～十五人，有些客人還有辦法做兩次，所以女郎若能善用這種方法，就可以防止自己的身體變得虛弱。

使用這套方法的另一個好處是，客人會開心地以為自己的性技巧竟然高超到讓女郎叫得歡聲連連，進而沈迷於女郎的小心機，結果就會常常光顧自己。

上述的方法屬於極秘傳的心法，我非常好奇當時到底有多少人讀過此書。煩惱於老公要的次數太多的老婆，以及既想培養常客又不想生病的賺錢女郎，乍看是立場截然不同的女性，我卻希望她們都能靠著這套方法，積極解決自己的煩惱。

《色道 三組盃》

接著介紹的是艷書《色道三組盃》（文政八年，一八二五年）中的〈使女郎移情法〉。

對女郎而言，性交是工作，每天都想著要怎麼在不生病的前提下，盡可能多接客，並培養常客。但對有些客人而言，可能會把玩樂和戀愛混在一起，想讓女郎愛上自己，或是讓女郎真正達到高潮。為了呼應這些尋芳客的需求，性典籍中常常會出現撩女郎或是和女郎交合的交戰守則，以下我就把〈使女郎移情法〉翻成白話文。

女郎接受的是不輕易遺氣的訓練，無論面對多喜歡的男性，都不會高潮。而且她們也討厭使用女悅丸這類讓女性春情蕩漾的秘藥。勉強使用也不會奏效，所以最好避免。要讓女郎慾火難耐，最好讓她喝到微醺（著者吐槽：馬上就借用酒精的力量（笑））。但如果喝得太醉，會影響之後的上床，所以喝到覺得還想再喝一點的時候，就應該收手。躺在床上時，要把自己的左手伸進女郎的枕下，用右手解開她的衣帶，掀開湯文字（內衣），一腳夾進她的雙腿間，然後緊緊地吸吮嘴巴。解開湯文字的衣結，用中指輕輕搔碰陰毛邊緣到股溝之間，在手指上沾大量唾液，插入女陰，並尋找像小米粒般突起的地方，用指腹不斷畫圈。用中指的指腹像在寫「の」字般畫圓，漸漸加重力道，並來回攪動。為了讓精氣不要洩漏，繼續吸吮嘴巴。等到女陰漸漸變濕，插入男根，並輕輕擺動腰部。然後再次吸吮嘴巴，如果女郎嚥下你的口水，就代表她已經醉了（著者吐槽：難道不是因為嘴裡積滿了口水，也吐不掉所以只能吞下去嗎？）。

慢慢推動腰部，直到插到男根底部為止。右手不停撫摸陰核，切記不要激烈抽插。男根不是進進出出，而是像轉動腰部一樣慢慢的擺動，這也可以防止早洩。

女郎如果用睡衣的袖子擋住臉，就是即將遺氣的徵兆。繼續在手指上塗口水，撫弄陰核。女郎在要去了的時候，會皺起五官、咬緊牙根、渾身發抖，看到這些跡象，男方就可以同時射精了。記得右手的中指最重要，這隻手一旦停下來，女郎就不會高潮。這點千千萬萬不可以忘記。

跟前面介紹的《男女狂訓 華美之香》不同，這裡寫的是客人如何讓女郎高潮的方法。過去不知道有多少男性，在要去找女郎玩樂之前，會先讀這本書來預習呢？文中提到「女郎在要去了的時候，會皺起五官、咬緊牙根、渾身發抖」，但這也很有可能是女郎為了讓芳客滿足的演技。

在江戶時期，人們認為，性交時的高潮，會讓精氣被對方奪走。每天必須跟眾多男性交合的女郎，要是每次都高潮，身子很可能會變得虛弱甚至生病。所以才衍生出不可以高潮的想法。

關於「女郎在與客人交合時，究竟是去了還是沒去」的問題，有一份非常有趣的文獻。延寶八年（一六八〇年）發行的《難波鉦》，是以大坂[20]新町遊廓為舞台的游女評論記，書中也對游女們的小把戲和手腕有諸多解說，可以從中窺見看似夢幻非日常的遊廓現實面。這本書中的〈不可思議〉一項，尋芳客問女郎：「女郎真的都不會漏精嗎？這大概都是騙人的吧？妳們只是裝作一副已經漏精的樣子罷了吧？」。

女郎聽了後回答：「我很難說究竟是假的還是真的。我們如果像一般的女性，遇見每個客人都洩精，身體是撐不下去的。但如果是打從心底喜愛的男子，不管怎樣都會漏精。不過，有時候也會有明明覺得今天不會漏精，卻還是漏了的事。自己的身體是沒法隨心所欲操控的。像是明明想跟這個男子好好雲雨一番，玉門卻怎麼樣都不濕，讓人焦心；或是跟討厭的男人交合時，卻覺得很好玩的情形。或許也有那種碰到每個客人都漏精的人，但我覺得大部分都是演技。」

雖然寫成「漏精」，但這裡的「精」，簡單說就是身體裡的生命能量。當時的人認為，性愛時感到快感，並達到高潮時，就會漏精，並被對方吸納進體內。

從對方身上採納精氣，可使人返老還童並健康；但反過來說，如果過度被人採取精氣，就會缺乏生命能量，讓身體變得虛弱甚至患病。雖然《難波鉦》中的這名女郎說「雖然絕大部分都是假高潮，但遇到可愛的男人也會很有快感。有時即使不想高潮也會不小心高潮，或者也會因為好玩得出乎預料而高潮。」假設這是真心話，女郎之所以會閱讀這類書籍，藉以學習控制身體不過度漏精的方法，應該也是為了打從心底想讓這份工作可以做得更長久吧。

不想要高潮漏精的女郎ＶＳ・想讓女郎高潮的客人，究竟哪邊會揚起勝利旗幟呢？

當時的確有些客人會想要成為女郎的間夫（游女的情夫），所以收錄在溪齋英泉的《懷寶秘傳 真情指南》中的〈使傾城漏精之點火法〉，就告訴讀者該怎麼做，才能讓游女期待跟自己碰面。但這篇文章打開頭就說了「不會成為誠心之戀」，或是「成為間夫比成為常客更費工夫」，

20 大阪的舊稱。

非常嚴苛地指出，想跟游女變得親密，可沒那麼簡單。

想盡可能減少每位客人的插入次數的女郎，以及希望女郎暈船愛上自己的客人、熱衷性事的客人……每個人的立場和情況都不同。所以為了回應這些願望，當年的坊間才會有如此多樣化的出版品存在吧。

23 重現江戶時期的速成玩具

這本書正在準備出版時，編輯建議我為本書寫些專屬的原創內容，其中我最想寫的就是「試作江戶時期的速成情趣用品報導」。

雖然在江戶時代的店裡也買得到性道具或秘藥的產品，但這些的價格都比較高昂，不是任何人都買得起的。所以，在性參考書中，也會為了那些沒法負擔情趣用品或秘藥的人，寫些便宜的平替方法，像是用加溫過的紅蘿蔔當假陽具，或是用蒟蒻做飛機杯等等。

或許用玳瑁殼或水牛角等材質做的性玩具耐久性高，也能讓人覺得有一分錢一分貨的價值，但大家難道不好奇，用手邊素材做出來的性玩具，用起來到底是什麼感覺嗎。

所以在這一話中，我要實際紀錄速成性具的材料取得，直到製作過程和觸感等一系列過程。由衷感謝協助我完成這次企畫的所有人。

這次要做的性具是速成的「吾妻形」。

所謂的吾妻形，就是現代說的飛機杯。根據資料，江戶時代在四屋販售的吾妻形，是用薄薄

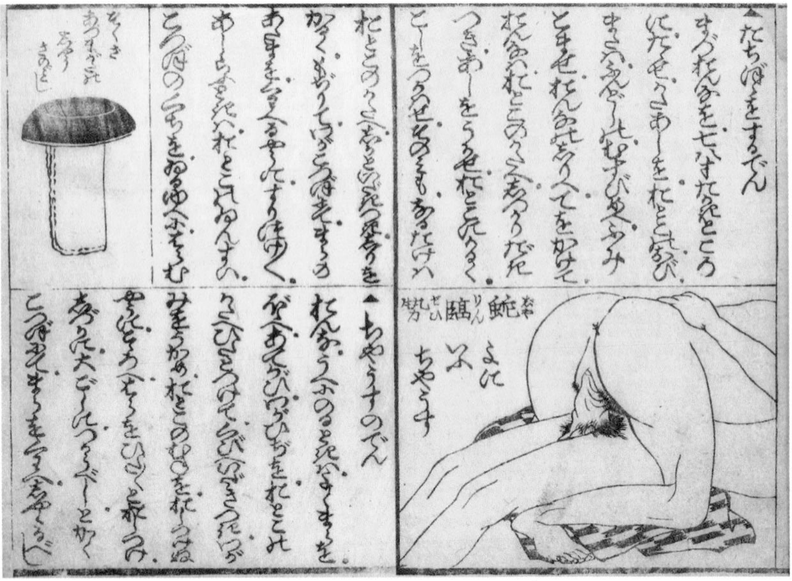

圖79 左上的插圖就是速成的吾妻形。《陰陽淫蕩之卷》（葛飾派，1818～30年以後，國際日本文化研究中心藏）

的玳瑁殼貼成筒狀的外殼，裡頭再鋪滿天鵝絨布。畢竟是用玳瑁殼這種高級材料製作的，可以想像價格應該也有一定水準。

這次我在製作吾妻形時參考的文獻是《陰陽淫蕩之卷》（圖79），書中介紹如何快速製作吾妻形的方法如下。

> 一人寢時，若厭拚事，可用吾妻形。如無此物，則可用天鵝絨袋，或使煙管筒等物，如圖般裡外互翻。卷緊布團兩端，將筒塞入其間，以繩縛布團上下，抱而用之。

一個人睡的時候，要是厭倦了打手槍，就可以使用叫做吾妻形的道具。如果手邊沒有這種吾妻形，可以利用天鵝絨材質的刀套或煙斗套，如圖般把內側翻到外面，塞進兩頭捲起的棉被間，再用繩子把棉被的上下端綁緊，抱著棉被使用。

「抻（譯註：讀音同弄）」指的是男性手淫的行為，其他還有「著剝（由來是褪下包皮和蓋住包皮）」「加波津留美[21]・皮交接」「五人組（因為用五根手指頭摩擦）」等稱呼，順帶一提，「加波津留美」是平安時代的史料中就已出現的詞。

閒話且按下不表，根據性典籍的內容，這種速成吾妻形的材料，要先準備刀套或煙斗套，而刀套是包住刀劍柄的袋子，我去刀劍店問有沒有天鵝絨材質的刀套，也在網路上找過了，但實在是找不到。同樣地，很遺憾地我也買不到天鵝絨製的煙斗套，所以請擅長裁縫的朋友幫我做了吾妻形。

話是這樣說，但也得先準備天鵝絨布料才行。

重現這類簡易吾妻形，我的堅持是「絕對要用絲製的天鵝絨布料」。不能用聚酯纖維，也不能用聚胺酯布料，一定要是蠶絲製的才行。如果不是絲綢，雞雞摩擦布料時的舒適度很可能會有誤差，我想要重現當時的人們品嘗到的快感。

其實「天鵝絨」本來是經由商人進口來到日本的。當時的天鵝絨是用蠶絲線織成，德川幕府

21 讀音同「皮交尾」，因為平安時代用漢字標注日文讀音，所以才會有看起來如此奇怪的寫法。

時代，天鵝絨製造業者擁有特權，必須要得到藩主許可才能製造。所以直到明治初期開始進口稱為「唐天」的廉價棉質天鵝絨為止，天鵝絨一直都是絲製的高級品。如果江戶時代的天鵝絨是昂貴的產品，那麼書中所謂一個人睡的寂寞男性，可能也僅限於準備得起天鵝絨刀套、煙斗套的富裕階層。

布料店的店員「啊！……我們沒有賣絲製的天鵝絨。如果是絲綢布料的話，只有架上的這些商品。」

不對！我不是要買緞面布！我要找的是絲製的天鵝絨！所以我只好放棄，只買了線回家，然後在網上的商店買了絲製天鵝絨布。

我跟擅長手工的朋友說了這些經過，她說，用來縫製的線最好也是蠶絲。但在這個時間點，我已經不假思索地買了聚酯纖維材質的線。的確，江戶時代還沒有聚酯纖維，所以我決定請她幫我用蠶絲線來縫。我只顧著準備絲質的天鵝絨布，卻把對線材的講究忘得一乾二淨……。

製作的當天，我給朋友看了《陰陽淫蕩之卷》裡的飛機杯插圖，請她做成這個樣子的形狀。朋友確認了布紋的方向，完美地裁好了布（圖80）。長年累積的裁縫技術，竟然用來幫我做飛機杯，真的是太感謝她了。

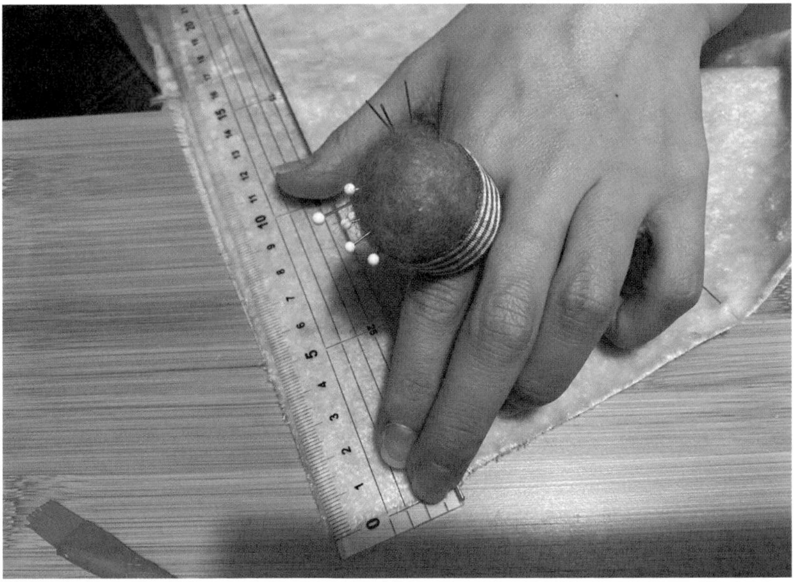

圖80 代替裁縫白痴的筆者，朋友幫忙製作了江戶時期的簡易飛機杯。

她應該也是做夢都沒想過，竟然會有要幫人縫飛機杯的一天。

她在裁布的時候問我，雞雞的尺寸大概要做得多大，我才發現，我本來想著要請另一半幫我試用，但我忘記量他勃起時的尺寸了！所以只好請她照著我私藏假陽具的尺寸製作。

吾妻形漸漸完成，雖然我只是在一邊看著，但對連打結收尾都不會的我而言，只能用尊敬的眼神看著整個製作過程（圖81）。

成品如圖（圖82），內側布料呈現起絨的狀態。

書中是說，把這個吾妻形塞進捲成團的棉被縫隙，再抱著棉被使用。感覺好像巨大的稻草納豆。但把棉被當成人，同時使用吾妻形，的確會有一種抱著某人的感覺。

我身上沒長雞雞，所以只能請另一半幫我試用了。

他竟然能配合我到這種程度，我的心中只有萬分感謝。但他實際試用時的樣子，實在是無法讓各位讀者

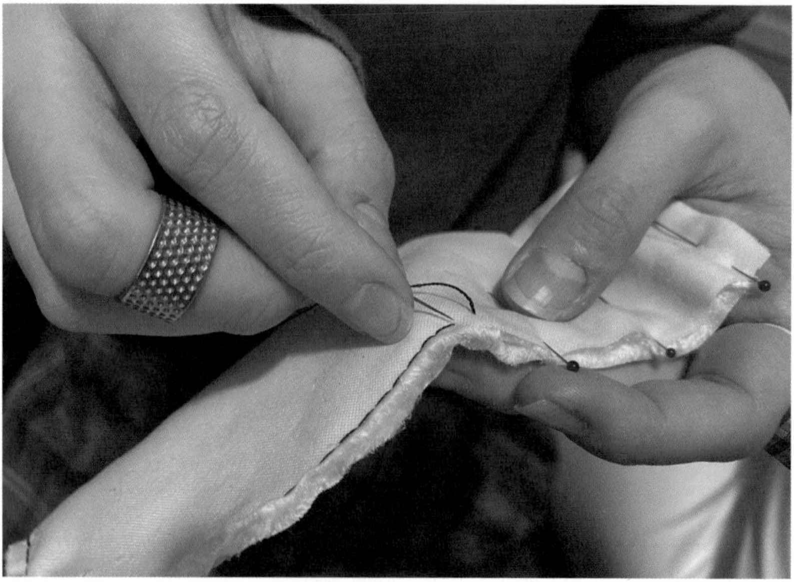

圖81 為了預防使用時線散開，縫得相當仔細。

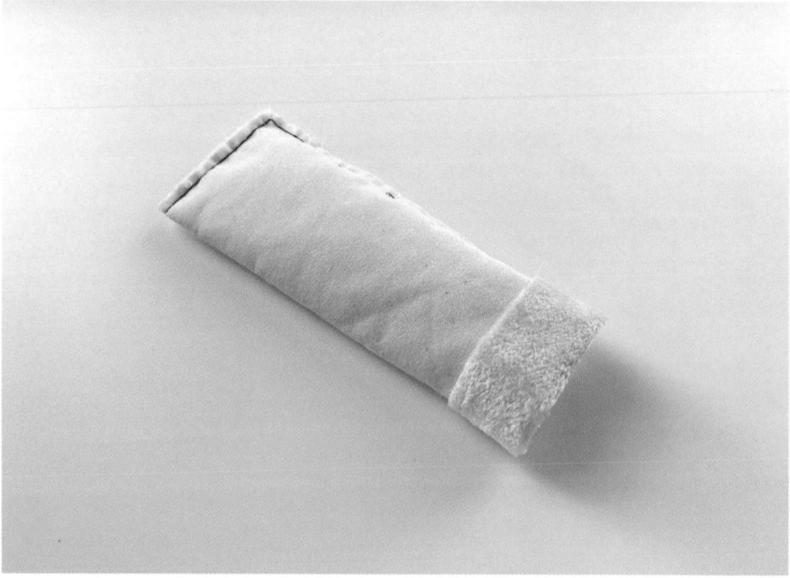

圖82 江戶時期的簡易飛機杯完成！使用起來的感覺究竟如何呢？

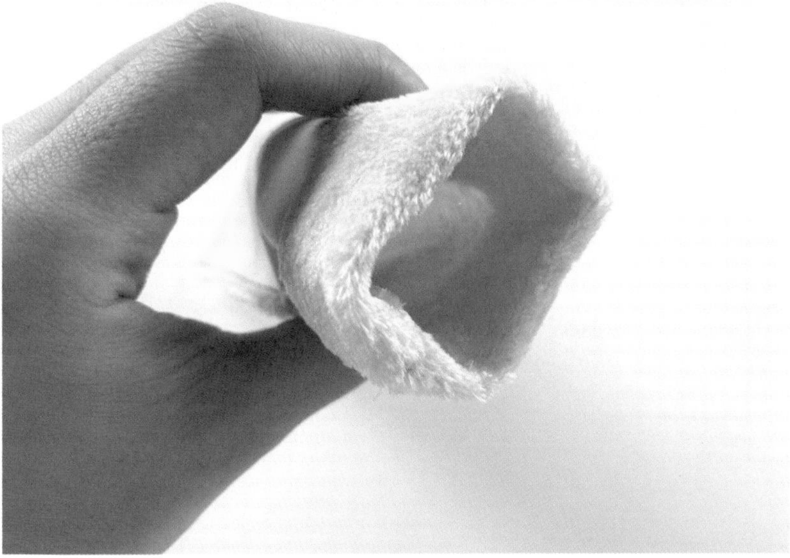

圖83 內側是天鵝絨的舒服觸感。

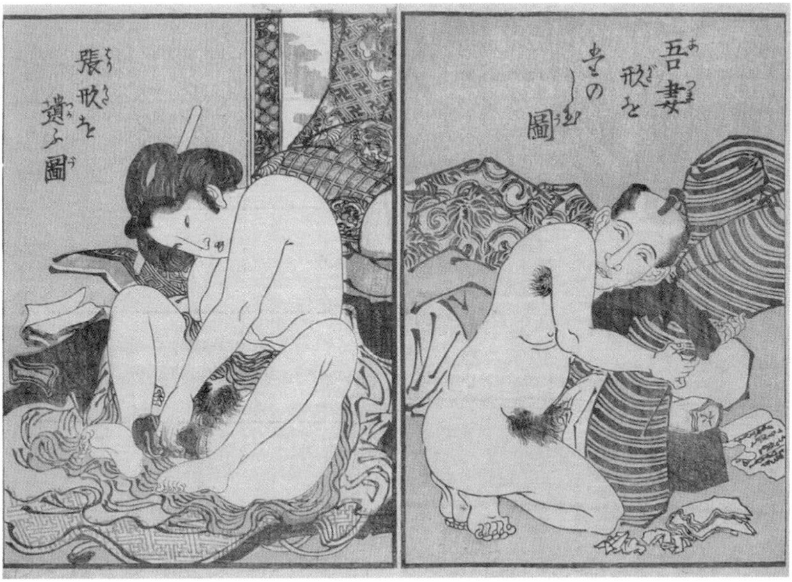

圖84 《閨中紀聞 枕文庫》（溪齋英泉，1822～32年，國際日本文化研究中心藏）

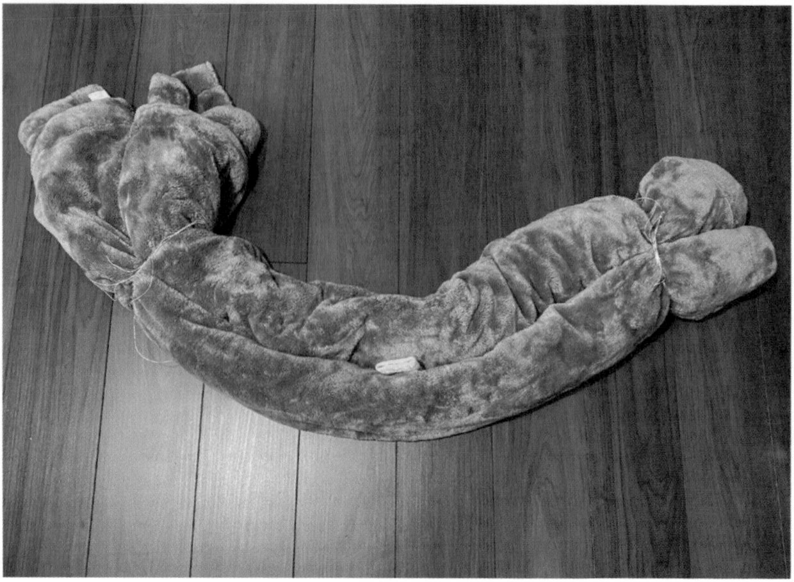

圖85 如果要用得更像江戶時代的人，就要把吾妻形塞進棉被縫裡。

看，只能說和《閨中紀聞 枕文庫》的這名男性插圖一樣（圖84）。

試用的前一天，我已經跟他打過招呼，跟他說要請他試用江戶時期的飛機杯，並告訴我感想，所以我想當天他應該已經做好心理準備了。

我忘了量他勃起時的尺寸，所以那個吾妻形對我另一半而言有點小，但還算是勉強能用。使用的過程中，我們兩人相對無言。他搞不好在想「這到底是在搞什麼鬼」。但如果保持沈默，就無法告訴各位讀者使用心得了，所以我還是問他「用起來感覺怎樣？」，試圖問出一些使用的感覺和具體感想。

「天鵝絨滑滑的，所以應該就不用潤滑劑了……」

「因為手可以從吾妻形外側握住雞雞，所以最後應該是射得出來，但如果這樣射在裡面，下次還能用嗎……？」

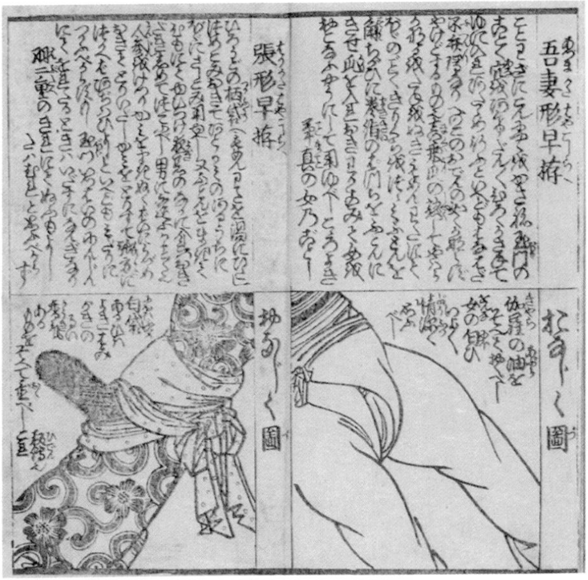

圖86 《地色早指南》（溪齋英泉，約為1836年，國際日本文化研究中心藏）

……下次還能用嗎？

我查了一下，發現有些性典籍中寫著「淫水不可沾天鵝絨。若污之，將成斑不落」，包含前列腺液等從雞雞裡流出來的液體，如果沾到了天鵝絨上，就會留下洗不掉的污垢，所以書中說不可以讓淫水沾到天鵝絨。但自慰時還要注意不弄髒絨布，需要相當高超的技巧。

雖然這次的試用中並沒有發射，不過如果要把誤沾淫水污漬的袋子繼續用來包刀劍或煙管，當時應該有很多男性心裡是很抗拒的吧。但另一方面，應該也有人無法抑制那瞬間精蟲衝腦的衝動，就這麼給他用下去了。畢竟絲製的天鵝絨布料，摸起來真的很棒，接觸肌膚的感覺也真的很舒服。

順帶一提，這種天鵝絨的刀套也可以當成女性專用的假陽具代替品。在《地色早指南》中有個叫「張形早拵」的方法，是把泡過溫水的棉花塞在天鵝絨刀套裡，趁著溫熱插進女陰使用。書中也建議，把刀套當成張形用的時候，可以用繩子綁在棉被上，放進夜著[22]抱著使用。其他還有把泡熱的紅蘿蔔當成張形替代品的方法，但要是玩到一半紅蘿蔔斷在裡面，要取出來就很麻煩了，所以這種刀套的方法似乎好一點。除了天鵝絨，用羽二重[23]的絲綢布料縫製也不錯。

右側的「吾妻形早拵」中寫著，如果用加熱過的蒟蒻當替代品，有燙傷雞雞的風險，所以建議可以挖空熟透的香瓜，蓋住開口使用。幫卷好的棉被穿上絲製的男用長內褲，再把準備好的香瓜塞進裡面，並塗上伽羅油，據說就會有種像是抱著真人女性般的感覺。

伽羅油是女性在梳髻時使用的香油，所以使用這種油應該能享受像是真的有個女性在場的氣氛。伽羅油的香氣，很可能就是代表江戶時期女性的香氣形象之一。

伽羅油的材料中用了甘松、丁子、白檀、龍腦等香材，跟我之前用來薰香陰毛時用的材料一模一樣。這是一種帶有溫潤甘甜，讓人放鬆，想要深呼吸的香氣。

江戶時期的性典籍中，介紹了使用各式各樣材料的性玩具，可是當時的人為什麼要用這些素材，以及為什麼需要這些工夫，還是有很多光靠閱讀典籍搞不清楚的事。

藉由這次的重現，大大擴增了我的想像空間，從今以後我也會繼續享受這些樂趣，並有時借助他人之手（雞雞）……吧。

22 一種有袖子的寢具，就像是可以穿在身上的厚棉被。

23 一種平織法，相較於普通的平織是一條緯線對一條經線，羽二重法是將經線一分為二，可以織出又輕、又軟，又有光澤的布料。

24 女子相撲和大力女是給誰看的？

※本章中有許多不符合現代的表現，引用部分是根據其時代背景，保留原意使用。

聽到日文的「見世物」一詞，有些人可能會想到江戶時期的雜技、曲藝，或是舶來品的鳥獸、菊花細工或活人偶，但也有人會馬上想到負面形象。在江戶時期，見世物的主要展出位置都是神社寺廟的境內或附近，見世物連接了寺廟的正門口，小屋基本上屬於寺廟或神社管理。特別是在有名神佛公開對一般大眾展示時，參拜者會急速增加，這些潛在客群，讓見世物盛行一時。

大多數的見世物，都是用精緻巧妙的竹編工藝品、曲藝或來自國外的珍禽異獸，讓人們驚奇並帶來歡樂。

但有時，見世物也會把焦點放在誘發人類「想看」的好奇心上，結果就出現了與性有關的見世物。在此當中，也有很多放到現代會讓人笑不出來的東西。

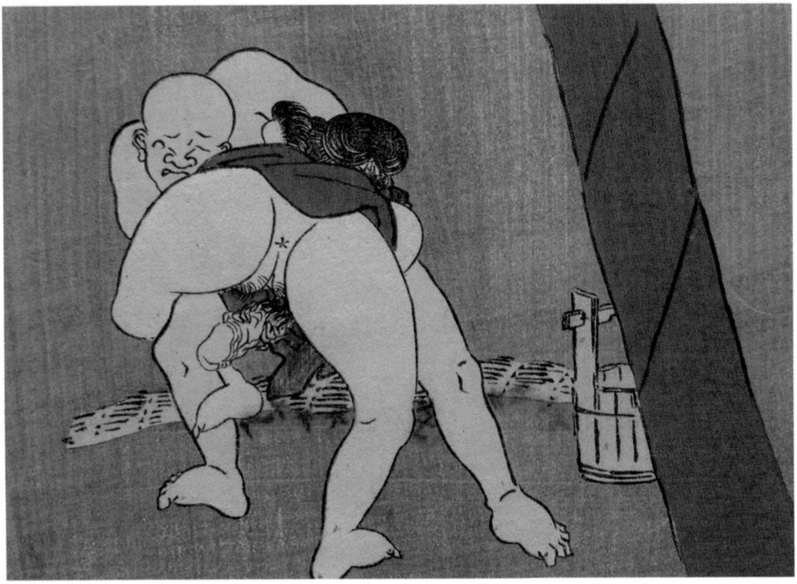

圖87 文政九年（1826年）在兩國舉辦盲人與女力士相撲的見世物活動。（柳川重信，約為1828年，原著者藏）

這幅春畫中就畫了見世物中，座頭[24]和女性相撲的情景（圖86）。在這幅豆判尺寸的春畫上市的前前年，也就是文政九年（一八二六年），江戶西兩國廣小路上演了座頭和女子的角力秀。電影《亂世浮生[25]》（一九八一年三月十四日上映，發行：松竹），是一部以慶應二年（一八六六年）幕府與薩摩、長州聯軍對立為時空背景，描述兩國下層庶民那充滿生命力姿態的群像劇。電影的開頭就出現了座頭與女力士的見世物場景。袒露雙乳的魁梧女性與座頭，在狹窄的土俵上激烈搏鬥，有如要撞進女力士胸間的猛衝座頭，以及包圍著土俵的人們發出的怒吼和聲援，簡直像是穿越回到當年觀戰般的真實。

女子相撲是江戶時代最受歡迎的見世物主題之一。根據朝倉無聲的著書《見世物研究》，延享二年（一七四五年）的《流言記》中，〈落首柳營役人評判謎〉一項提到：「一、於曲淵越前守見女之角力，其心雖為兩國所譽，然毫無氣力」，但這裡的「女子相撲」是指女性間的角力，並不是男女對戰的見世物。

太田南畝的隨筆集《半日閒話》中，記載了他二十歲到七十四歲間聽來的市井雜事。根據這份紀錄，明和六年（一七六九年）四月一日至六月八日間，江戶淺草寺的觀世音開放一般大眾參拜，於是淺草寺聚集了人山人海的參拜人潮。而在淺草奧山舉行的眾多見世物中，有一項就是座頭與女性的相撲。

在明和年間（一七六四～七二年）於淺草寺境內舉辦的這種相撲，後來遭到寺公所的禁止。閱讀飛蝶所著的《藝界見聞記》中記載的見世物營業紀錄，大概就能知道當時為什麼會被勒令禁止。根據書中內容，當時有一位長得非常漂亮的女力士叫「阿藏」，有一次，十幾個人合資包紅包給主辦單位，要阿藏和八名座頭對戰，結果就在台上演出了完全難以言喻的醜態。這件事非常嚴重，馬上就被勒令停業，相關人士都遭到嚴懲。

隨著見世物開始讓男女在相撲台上對戰，性的方面也越來越被強調。不難想像，讓少女和八個男人對戰，根本就已經不是相撲，而是更接近強姦的光景了。這種傷風敗俗的行為，難怪會遭

24 指以彈琴賣藝、按摩、針灸等維生的盲人。
25 原名為「這樣不是很好嗎（ええじゃないか）」。

到嚴懲。

那江戶時期的人，又是怎麼看女性之間的相撲的呢？

在螺女山人所著的《徒然飛日記》中，記載著明和六年（一七六九年）六月在京都舉辦的女子相撲見世物。著者當時看見的女子相撲，連裁判都是女性，女力士骨骼魁梧，並在兜襠布中塞進硬棉花，看起來就像是男力士。

> 近頃，大坂難波新地，興行女子相撲，意外竟成。眾人雖議論，曰即如相撲，女子應非裸身。六月六日西洞院高辻之菅大臣社內，女子相撲始也。吾往見此等珍事，土俵構造等與常相撲無異，擊梆木後，力士入土俵。行司最前，亦為女子。上著桔梗帷子、下著茶呂，手執團扇。其後為角力士，皆為女也。全身赤裸，僅著一褌，東西皆然。東方行司為十五、六之女，結髮如若眾，上著緋赤緬附紋單衣，下著黑繻子，貌甚美也。乃此相撲，吾未見前曾思，女若全裸，褌不合身，必予人淫色之感，且柔弱無力。然與思案相違，女力士皆骨骼強健，臀勝男子，身著四目紋褌，頗有可觀。髮型左右留鬢，後髱不出。前髮亦如相撲式樣，結島田髻，元結層卷，如男相撲力士。然有一特怪，即雙乳頻搖，且於台下裸身時，為防股間寂寥，遂於褌中塞固棉，以為金玉，甚怪耳。

女力士的髮型是放下左右的鬢髮，但不露出髮髻後方的「髱」，瀏海則像相撲一樣，用細繩纏繞多圈，向後梳成島田髻，簡直就跟男力士一模一樣。

但這位著者非常在意的是，對戰時搖來搖去的左右乳房，以及把棉花揉成假蛋蛋塞進兜襠布，這都讓他覺得「甚怪耳」。

其他像是京都寺町的和泉式部寺境內、四條河原的御影堂正門等地，都曾舉辦過女子相撲的見世物，但後來因為大坂出現了盲人男子和女性的相撲（京都並不准許），所以連女性之間的相撲都被禁止了。不過據說盲人之間的相撲，因為都是男性，所以沒被懲罰，反而大為流行。

關於這種盲人相撲，在《續談海》（明和六年，一七六九年）中曾提到「當年兩國橋行座頭角力，大為時行」，可看出當年各地都很流行座頭相撲。

前面我們已經知道當時的世人是用什麼眼光在看女子相撲的了，但對女力士本人而言，對於自己只穿著一條兜襠布，裸露胸脯，用一幅男力士的模樣在台上相撲，又是怎麼想的呢？關於這點，《徒然飛日記》中也寫了一段耐人尋味的內容。

此頃為觀女相撲之風俗，而往菅大臣處者，或有人笑曰，朝夕皆乘駕往來，可有必要？以為優越。雖曰相撲，然根本皆為女子，若於道上遇人，遭曰「其為相撲女耶？」亦必感羞赧。

即便羞甚如此，仍裸身著褌相撲，哂於諸人，故世人以此為珍，遂群集見物也。然其後，各地皆始女相撲，相撲女於朝夕往來道上，亦私毫不恥也。前髮結角前，身著大嶋衣，捲袖露臂，肩披折羽織，頸圍染手拭，腳履雪踏。行時豪放振肩，四五成眾，高聲過街。盡失女態，亦無以為恥。於是「此乃相撲女也」再非譬言，而為女中廢物矣。雖曰相撲，何匹男耶？此事乃因有女情，不得已裸身相撲，才有一興。然若全效相撲，何有觀處？真乃匹夫之行。原來女效男態於世之事，乃遭御制禁。又於神祭之行事，色里之風俗中，令女子著元服之類，雖為禁事，然因限於當日，得遭御免。

女力士們的本業，依照舉辦見世物場所的不同，有可能是下級娼婦，或是藝子[26]等等，身份形形色色。

這些女性在前往菅大臣社的女子相撲場地時，如果在路上被人認出「那女的就是相撲女」，或是在後台全裸穿兜襠布的時候被人看到，是不可能不覺得丟臉的，所以她們會選擇在早晚坐轎子移動，不讓路上的人看見自己。而著者認為，正是因為她們帶著如此羞恥的心情在相撲，世人才覺得稀奇有看頭。

然而隨著女子相撲在各地流行，女力士越來越多，她們的存在也變得不再稀奇，她們漸漸失去了當初的羞澀，也不再抗拒在早晚的路上遇見行人。

她們打扮得像男力士一樣，把瀏海剃成角前髮型，把大島單衣的袖子捲起來露出手臂，肩上披著折起的外套，穿著鋪皮木屐，四、五個人成群，在街上高聲聊天，大搖大擺。

《徒然飛日記》的著者，當初在京都西洞院高辻的菅大臣社初次看見女子相撲時，覺得那壯碩的身材、有如男力士的打扮，以及搖晃的乳房非常稀奇有趣，所以看得很感動，但隨著女子相撲在各地盛行，女力士變多，著者對她們的行為，想法也開始改變了。

著者看著自我感覺越來越良好的女力士們，寫下「一點都沒有女人味，非常沒品。這只是女人間的相撲，不是什麼值得稱讚的事，只不過是女人中的沒用東西。就算要比相撲，也比不過男人。只是因為有女人的羞澀感情，不得不裸身相撲，才有一點趣味。如果像男力士一樣悠然自在的相撲，就一點看的價值都沒有了。說到頭，女人打扮得像個男的到處晃，從以前就是被嚴格禁止的。像是祭典活動，或是遊廓女子成年禮的風俗這類，讓女人穿男裝的行為，本來是不可以的，只是因為是暫時的活動，所以才被默許。像這樣用男人姿態四處徘徊，為什麼沒有被懲罰呢？」的評論。

26 還在學業中的藝妓。

著者認為「因為這些女人仍保有女人樣，裸體時會感到害羞，所以刻意讓女人去比男人在玩的相撲，才有趣味」，並提到行為有如男力士的女性們很沒品。

就觀眾角度而言，看著平常由男性從事的相撲活動，換成讓心懷羞恥感的女性挑戰，的確很稀奇又有趣，這我無法否定。畢竟並不是所有人都帶著欣賞「英勇的人們挑戰彼此的身影」這種跟男性相撲一樣的感覺在看女子相撲。

但在這之後，大坂的女相撲界中，出現了一位來自高津新地、名叫「板額」的超強女性。她梳著角前髮型，以一副男力士般的造型登場，人們盛讚她「簡直就像是以前的濡髮長五郎[27]再世！」，擁有空前的人氣。從許多文獻中都留有這位「板額」的紀錄，就知道她有多受歡迎。

不過這種盛況是不可能一直持續下去的，女相撲後來也遭到了禁止。

想當然，女相撲不可能就此從各地消失，後來各地仍然舉辦女相撲的見世物，當中也包含讓座頭和女子對戰的形式。

關於座頭和女性的相撲，直到文政九年（一八二六年）都還有紀錄，但在這之後的紀錄，我目前還沒有發現。不過，名古屋的《芝居番付》中記載，安政六年（一八五九年）二月，隨著名古屋信行院開放參拜，出現了形形色色的見世物，當中就有女角力的文字紀錄，看來女性之間的相撲見世物，還是有繼續下去。

無論《徒然飛日記》中認為「因為有女人的情緒，不得不裸身相撲才有趣」，或是強大的「板額」得以博得人氣，背景都是傳統要求賢淑的女性形象，以及人們看到竟然有女性能悖離這種理想形象，進而感到稀有或憧憬。

《女鏡秘傳書》是從慶安三年（一六五〇年）開始，在江戶時代中期陸續出版的三卷三冊套書，書中寫道要稱丈夫為「殿」，除了記載了婦人應該有的禮儀、家事知識、教養等等，這本教訓書還告訴讀者結婚後妻子或人母該有的樣子是什麼。

在這套《女鏡秘傳書》的上卷之五中，有一篇〈力業之事〉。本文幾乎全由假名寫成，為了方便閱讀，我加了句讀。

力業之事

自幼年起，不應行力業之物。若行力業，必使骨強指大，膚失柔嫩，而顯卑賤。此外，綜聞年輕男子之評判，世云手足色白、品性柔美，如柳葉順風之風情，為無類之姿。思及此處，若使女行力業，無異破其身、疵其體。

27 淨琉璃劇《雙蝶曲輪日記》中的主角，大坂的傳說力士。

此書認為，如果讓女性從小時候就做些勞力工作，會讓手指關節隆起變粗，皮膚也會變得粗韌，喪失光澤。而年輕男性們喜歡的是皮膚白嫩纖細的女性，如果讓女性從事重勞動，等於是毀了她的身體，讓她遭受責難。本書似乎認為，最重要的就是成為一個會讓男性喜愛的女性。

這本書的目標讀者是活在女人堆中的「大名、武家妻妾、公主」，並不包含庶民。但構成王朝的上流階級女性，其思想、文化也會成為當時所有女性的規範，在這套書出版後，與此相同的思維也明顯地流傳到民間，影響一般大眾（《新體系日本史9 性別史》）。

江戶時期出版了許多這種教訓書，書中揭載讓男性想要結婚的理想女性形象，並指出應該戒慎的行為。但女性會不會主動去找這類書籍來看，卻是個疑問。

幕府在天保十四年（一八四三年）宣告，婦女應該以《女今川》等一系列教訓書為模範。到手習所[28]學習的女子們，都要不斷抄寫研讀書上的文字，直到配發的手習草紙（學習帳）整本漆黑為止。而這時的教材，除了〈以呂波[29]〉之外，就是《百人一首》《女今川》《女大學》等所謂的「女庭訓」。

《女大學》這本教訓書中，都是些「女子唯和順貞信，情深嫻靜，乃曰淑」之類的內容，在不斷抄寫的過程中，女孩們就會自然而然記住這些內容。即便女性們自己不找教訓書來看，人生中也會有機會接觸這些嚴格的女性教材。

即使當時的社會中存在著這類教訓書，但在江戶時期，也有著「大力女」這類見世物，主要是讓女性揹負米俵等重物獻藝。

例如安永五年（一七七六年）在江戶堺町樂屋新道的見世物小屋，出現了一位女大力士太夫「柳川知世」，她表演把裝在大巴車上的五袋五斗俵高舉頭上，或是仰躺舞台上，任人在她肚子上的大臼搗糙米，以及把棋盤當扇子，用單手搧滅百根燭火等絕技，獲得眾多好評。根據朝倉無聲的《見世物研究》，她本來是湯島一帶岡場所[30]的娼妓，但游女屋的主人認為她的無雙怪力，如果拿來辦女大力士的見世物，絕對能大賺一筆，於是開辦了見世物小屋。

女大力士和女子相撲一樣，都是因為藉由展現力量和勇猛，顛覆過往人們對女性的刻板印象，所以才得以成為稀奇的見世物。觀眾裡當然也會帶著異樣的眼神，但像是「板額」「柳川知世」這類巨星的出現，或許也讓人感到某種帥氣的魅力。本來應該柔弱無力的女性，卻發揮了超乎常人的力量，簡直就是超越常識，擁有魔法般力量的天選之女。

宮田登在《穢之民俗誌》中指出，各地流傳的女大力士故事，都帶有神秘要素，而且明顯與

28 江戶時代教導庶民識字的學校。
29 用來背誦假名的歌謠，就像台灣的注音符號歌。
30 江戶時期供庶民買春的廉價娼寮。

神靈有關。而這些女大力士的非日常面都會被刻意強調，帶有世間認為不該出現在檯面上的醜陋屬性。

從這些民俗史觀點看，有一部結合了神秘的女大力士、令人印象深刻的電影，就是吉卜力工作室的《輝耀姬物語》（導演：高畑勳，二〇一三年十一月二十三日上映）。從日本民俗史和性的觀點看，在這部電影中，有非常多值得關注的重點。例如，捨丸和公主從田裡偷作物的場景，竟然出現了香瓜。躲藏在樹叢裡的兩人，在確定農夫不在附近後，就掰開香瓜，開始汁水淋漓地大嚼了起來。

之前也介紹過，在性典籍中，香瓜是一種可以拿來當成簡易飛機杯替代品的農作物。例如在《全盛七婦玖腎》的〈獨男之樂道具〉中就提及，「在熟透的香瓜上切小口，掏出種子，把該處塞進切口中插拔，裡頭的褶皺有如女陰」。

我們不能就此斷定，是因為香瓜內部的「褶皺」像女陰，所以片中的農作物才選了香瓜。不過在《吉卜力工作室原畫全集20 輝耀姬物語》中，兩人躲在樹叢裡大啖香瓜的場景，作畫指示明確寫著「想要烘托出隱密的胎內感」，讀到這句話，讓我覺得兩人吃著香瓜的場景，竟有種性的感覺。

電影的後來，是不得不回到月亮上的公主，再次回到曾住過的地方，與捨丸重逢，並懷念那些小時候在大自然中開心玩耍的日子的場景。她真正想要的，不是貴族的社會地位、名譽，也不是身為貴族女性的幸福，而她嚮往廣袤大地，與群鳥和捨丸一起飛上青天的畫面，也令人震撼。

公主拋棄物質欲望、悖離社會，與自然為友的心情，有如澀澤龍彥口中所謂的「東洋的快樂主義」。而公主和捨丸感受天地自然，穿過結穗累累的稻田，看著道祖神，帶著一臉陶然表情緊抱彼此的場景，簡直就像是在表現創造萬物、值得慶賀的日本陰陽和合。比起電影的結局，這些超乎我想像的表現手法，深深震動了我，讓我從頭到尾大聲嚎泣。二〇二一年九月號的《熱風》雜誌中，有一篇《機動戰士鋼彈》的總導演富野由悠季的採訪，他在裡頭說：「不知道高畑導演為什麼要這樣做，但他就是會讓角色都飛上天去」。對照《阿爾卑斯的少女》《紅髮安妮》[31]等動畫作品的開頭中，主角們在空中飛行的表現，想到公主和捨丸振翅飛行的場景也跟這一脈相承，就讓我感慨萬千。

前面一股腦地講了那麼多，但在這部電影裡，我最希望大家注意的重點是，公主在劇中的魔法力量。

31 皆為高畑勳執導作品。

迎接初潮的公主，舉行了梳髻和著裳的儀式，慶祝公主命名的宴會，持續了三天三夜。明明是為了公主舉辦的宴會，但都是些只在乎宴會本身的男客人，所以公主躲在深處幽暗房間的屏風後，一個人靜靜地待著。

喝醉的客人們口無遮攔地說：「她又不是什麼真正高貴的公主」「搞不好根本就是妖怪之類的東西」，這些過分的發言，有幾句也傳到在房間裡待著的公主耳裡。公主因羞恥、憤怒、悲傷而發抖，頭髮豎起，手中握著的貝殼也啪嗒一聲碎開。羞憤的公主撞破屏風、扯亂髮髻，踢倒紙門，衝破木板門，跑向大馬路上。而公主身上的十二單衣，也像片片碎裂的千代紙般，被她拋在身後。

在悲憤交加下覺醒的這股力量，絕非人類之力。魅力能迷倒所有男人的公主，竟然能用手壓碎貝殼，並瞬間突破厚重的門，從外表難以想像她有如此大的力氣。公主在片中也展現了其他神秘的能力，但選擇大力女子這一項絕非偶然，應該是參考了日本的民俗史吧。

人們在見世物中看見這些絕非一般女性的大力士時，應該也會覺得這是不可思議的魔法之力吧。人們透過「社會要求的女性形象」這層濾鏡凝視她們時，也帶著「明明是女的，真厲害」「明明是女的，真不像話」這類驚異和汙蔑的眼神吧。

明治時期以後的女子相撲形式

關於明治時期的女相撲歷史，是從石田兵四郎開始。他認為讓女性來相撲應該會很有趣，所以在明治十三年（一八八〇年）左右，開始舉辦女子相撲。後來果然博得了廣大人氣，於是組成了四個主辦團體，在全國各地乃至海外巡演。當時的太夫（力士）很受歡迎，甚至發行了個人畫報，直到現在都能在網拍上找到。

曾經擁有如此高人氣的女子相撲，卻遭到報紙等媒體的道德批判，但這些批評應該是在附和明治政府對相關活動的取締，不能否定與當時大眾的看法有一定出入。

至少，在當時的媒體上，可以看到認為女子相撲是不適合新時代的敗壞風紀之物。但從大正到昭和之間，各地神社的祭典、慶祝會等特別的日子裡，都可以看到把女子相撲當成餘興節目的紀錄。

根據龜井好惠所著的《女相撲民俗誌 跨越國境的藝能》，在伊萬里市波多津町的濱部落，從江戶時代以來，在漁業豐收或是村裡有大喜事時，都會請來一群女性搬演女子相撲，並當成餘興，但不知從何時開始，這種習俗也消失了。不過，昭和二十九年（一九五四年），在町村合併的熱潮中，當地即將改劃為市，趁著波多津中學新建，落成典禮的餘興節目上，再次讓濱部落曾經消失的女子相撲復活。由草相撲的老力士指導，女性們積極練習，並在落成典禮當天表演，廣獲好評。

昭和三十年（一九五五年）發行的《國際文化畫報》中，關於伊萬里市波多津町的女子相撲報導中，也登了照片。

報導裡，接受採訪的女性們針對女子相撲，做了以下評論。

「這裡的女子相撲不是以前常見的那種見世物。大家都是漁夫的老婆或女兒，在家裡有正經工作的。」

這篇報導裡除了女子相撲的介紹，也刊載了她們每天和同好一起練習，並自己製作刺繡圍裙等光景的照片。

在這裡，橫綱是按輩分排的，並不是強度的象徵。在報導的照片中可以看到，這些女性在女子相撲時，直到自己出場前，都一邊抱著孩子，一邊看著別人比賽，一副很開心的樣子。而比賽的對手，也很可能是自家的阿姨，這種當地都是熟面孔的地區才有的親密，不也很有樂趣嗎？

這不是為了收入而營業的相撲。在地女性們每天和同好一起準備，並樂在其中。從這篇報導中，我們也能感受到女子相撲帶來的那份娛樂性。

小結

當時的人們，一邊因為女子相撲悖離了過往追求的柔弱女性形象而感到珍奇，一邊因著那強大身姿的魅力而狂熱。有時，女人的力大無窮帶有魔力，有時也會因著身為女人，而被投以性消費的眼神。在觀眾眼中，這些女性被寄與神秘性和性興奮等期待，這些眼光誕生自一脈相承構築起的日本文化，也是名為「女人」的性期待。

其後，帶來狂熱的女子相撲，也在明治政府的意旨下，而被整備或取締，部分新聞或雜誌上更說「女人與相撲真是珍奇的組合」，把它視為猥褻物的例子。然而這些媒體的印象，和各地深植人心的女子相撲形象有很大的出入，實際上的女子相撲，是以祈雨儀式或娛樂等形式，在各地傳承下來的。

關於祈雨和女子相撲的關聯，龜井認為解釋有很多種，有可能是故意在禁止女人進出的地方，讓不淨的女人相撲，藉以促使降雨；或是相信女性身上蘊藏的靈力可以讓老天下雨等等。龜井也指出，雖然讓女人相撲背後的動機，會依照地區和人們的心性而異，但看著這些披上名為信仰的蓑衣，享受相撲的女性，我們也能窺見其堅強又強悍的一面。

在各地被當成餘興節目的女子相撲，在陽光普照之下，是四肢緊踩地面，女性們生機旺盛的笑容。

隨著時代推進，女子相撲和女大力士的價值觀，變化快得讓人目不暇給。我看著媒體和各地相撲的傳承紀錄，越看越覺得，女人有些時候只是因為身為女人而背負期待，有時也會因為是女人而被無故蔑視，這些價值觀同時存在。然而在鄉下地方，也存在著結合在地信仰，女性們把相撲當成餘興享樂的習慣。女大力士和女子相撲，究竟是為了誰而存在的呢……？這個問題，仍然讓我歪頭困惑。

尾聲

「妳要不要寫專欄？」在我經營的網站的答客問留言板上留下這句話的，是戀愛網媒《AM》的編輯。

雖然編輯說：「希望妳把發在推特上的內容寫成專欄」，但在這個時候，我從來沒有寫過超出推特字數限制的長文，心想「《AM》的編輯們，還真是有挑戰精神啊！」，而且也覺得很有趣，所以明明從來沒有執筆經驗的我，就這麼開始了連載。

就在開始連載的第二話左右，竟然有出版社的人問我「妳要不要出書？」又出現一個愛挑戰的人了！！！！於是，我的春畫資訊傳播生活，就正式開始了。

但在這個時間點，我對浮世繪、江戶時代的書籍，無論是知識或想像力都壓倒性地不足。於是我決定藉著「高行動力的無知」，把幾乎所有時間都花在學習浮世繪和江戶史上。

幸虧我也遇到許多人給我方向建議，並毫不吝惜地分享知識。不只本書，我的所有活動，都是在這些人們的協助和教導下得以成就的。

對於沒有任何跟浮世繪相關的職涯經驗，只是「喜歡春畫」的我，卻有許多出版浮世繪書籍的出版業者、美術商、春畫研究先驅的老師，完全不求回報地讓我欣賞他們的收藏，並分享他們透過研究得到的資訊和滿滿真知灼見。

「關於浮世繪，有什麼不懂的，隨時寫信給我」

這句話至今仍是我學習路上的護身符。

然而，在我每天學習江戶時期的性文化、春畫過程中，產生了一個疑問。

「江戶時代，到底是一個怎樣的性的時代？」

至今為止，我在讀過性典籍裡的性愛指南，也欣賞了浮世繪出版品裡的春畫，並從中得到許多樂趣，然而，我對江戶時期出版的女訓書，以及女性在社會上的存在之道，也存在著根本的疑問。在我知道曾有一位名為只野真葛的女性，在世期間致力於批判儒教以後，我漸漸發現，在春畫裡描繪的女性，與人們對活生生女性要求的女性形象之間，竟有著如此大的鴻溝。

有些書籍說，進入明治時代後，吹起西洋風潮，「華麗的江戶文化」消失，女性們也不得不與社會的蔑視鬥爭。讀了這些書籍、聽了眾多發言，相信「真確（Factfulness）」的我，卻仍然感到疑惑。

從那之後就開始了一連串的性別史學習。雖然我一邊覺得「我明明就是只想接觸有趣的江戶文化和春畫而已！」，但也漸漸無法把目光從江戶時期的性別議題上移開，也開始覺得「為什麼這些春畫和性典籍，不會被當成思考性別議題的題材呢？」

剛好就在那個時候，國立歷史民俗博物館展出了「性別差異的日本史」（二〇二〇年十月六日～十二月六日）特展，我從展出的史料和現場解說中，學到了書本以外的日本性別史，也重新深切認知到，以性別來解讀、思考歷史，是多麼重要的一件事。

受到這些影響，雖然我能做的只是綿薄之力，但為了能讓大家透過春畫、性典籍，開始思考未來，於是在把這些連載書籍化的過程中，做了大幅改寫。

比起「這種理解方法正確嗎？」，我更重視「持續學習、持續思考」。即便在我最喜歡的春畫中，也有許多讓人笑不出來的表現。包含這些正反面，我將會持續思考、持續學習。所以我也想要寫出一本能讓讀者一起思考的書。

包含批判，請再重新思考一次春畫和江戶時期的性吧。

如果能帶給大家這樣的契機，就是我莫大的榮幸了。

春画―ル

引用・參考文獻一覧

06
柳里恭『ひとりね』（校訂・註）水木直箭（近世庶民文化研究所）
08
劉金宝「太宰治の「思ひ出」における「赤い糸」と中国の赤縄説話
——沖縄に伝わる赤縄説話と「吉備津の釜」における「赤縄」を中心に」、『九大日文』23, 2014.03（九州大学日本語文学会）
藤沢衛彦・二反長半『少年少女日本伝説全集6』（東京創元社）
髙橋雅夫『化粧ものがたり——赤・白・黒の世界』（雄山閣）
大麻博物館『日本人のための大麻の教科書　「古くて新しい農作物」の再発見』（イーストプレス）
10
『江戸の色町　遊女と吉原の歴史　江戸文化から見た吉原と遊女の生活』（監修）安藤優一郎（カンゼン）
渡辺信一郎『江戸の女たちの月華考——川柳に描かれた褻の文化を探る』（葉文館出版）
11
長友千代治『江戸庶民のまじない集覧——創意工夫による生き方の知恵』（勉誠出版）
12
横山泰子・門脇大・今井秀和・斎藤喬・広坂朋信『江戸怪談を読む　牡丹灯籠』（白澤社／現代書館）
13
シェリル・カーシェンバウム『なぜ人はキスをするのか？』（訳）沼尻由起子（河出書房新社）
桑田忠親『太閤の手紙』（講談社学術文庫）
桑田忠親『太閤秀吉の手紙』（角川文庫）

14
沢山美果子『出産と身体の近世』(勁草書房)
渡辺、前掲書
向谷喜久江『よばいのあったころ　証言・周防の性風俗』(マツノ書店)
『婦人衛生雑誌』88, 1897.3(私立大日本婦人衛生会事務所)
浅沼良次『流人の島』(日本週報社)
鹿児島県教育委員会『鹿児島県文化財調査報告書　第12集』(一九六五年)
神奈川県立博物館『神奈川県民俗分布地図』(一九八四年)
田中ひかる『生理用品の社会史』(角川ソフィア文庫)

17
根岸鎮衛『耳袋 1』『耳袋 2』(編註)鈴木棠三(平凡社ライブラリー)
『春画展=Shunga』(編)永青文庫・春画展日本開催実行委員会(春画展日本開催実行委員会)
白倉敬彦『江戸の春画』(講談社学術文庫)
『国芳の春画』(編)白倉敬彦(平凡社)
『乳房の文化論』(編)乳房文化研究会(淡交社)
『ゆれるおっぱい、ふくらむおっぱい――乳房の図像と記憶』(編)武田雅哉(岩波書店)
『大英博物館　春画』(監修・訳)矢野明子(訳)早川聞多/石上阿希(小学館)
橘南谿『東西遊記1』(校注)宗政五十緒(平凡社ライブラリー)
『日本随筆大成　別巻9』(吉川弘文館)

19
白倉敬彦『春画の色恋――江戸のむつごと「四十八手」の世界』(講談社学術文庫)

20
バリー・R・コミサリュック/カルロス・バイヤー=フローレス/ビバリー・ウィップル
『オルガスムの科学――性的快楽と身体・脳の神秘と謎』(訳)福井昌子(作品社)

笹間良彦『好色艶語辞典　性語類聚抄』（雄山閣出版）
『角川古語大辞典』（編）中村幸彦・岡見正雄・阪倉篤義（角川書店）
21

ユヴァル・ノア・ハラリ『サピエンス全史（上）──文明の構造と人類の幸福』（訳）柴田裕之（河出書房新社）
丹波康頼『医心方 巻第廿八房内』（至文堂）
24

朝倉無声『見世物研究』（思文閣出版）
『日本随筆大成　第一期8』（編）日本随筆大成編輯部（吉川弘文館）
『未刊随筆百種第十』（校訂）三田村鳶魚（米山堂）
『上方巷談集』（編）井口洋ほか（上方芸文叢刊刊行会）
『新体系日本史　9・ジェンダー史』（編）大口勇次郎・成田龍一・服藤早苗（山川出版社）
遠藤祥子「翻印　女鏡秘伝書　上巻」、『東京家政学院大学紀要』7, 1967
『女大学集』（編）石川松太郎（平凡社ライブラリー）
宮田登『ケガレの民俗誌──差別の文化的要因』（人文書院）
高畑勲ほか『スタジオジブリ絵コンテ全集20　かぐや姫の物語』（徳間書店）
富野由悠季「『ガンダム』でさえ高畑影響下にあったものだと認めざるをえない。」、『熱風（GHIBLI）』225, 2021.9
亀井好恵『女相撲民俗誌──越境する芸能』（慶友社）
『国際文化画報　通巻第六十七号』67, 1955.4（国際文化情報社）
『歴史を読み替える　ジェンダーから見た日本史』（編）久留島典子ほか（大月書店）
『浪速叢書　第四』（編）船越政一郎（浪速叢書刊行会）
「見世物興行年表」（URL=http://blog.livedoor.jp/misemono/）

刊載圖片一覽

01

圖1◉本書第10頁
作者——葛飾派
標題——陰陽淫蕩之卷
技法——黑版印刷
尺寸、篇幅——半紙本一冊
出版年份——文政（1818～1830年）中期以後
藏者——國際日本文化研究中心

圖2◉本書第11頁
作者——喜多川歌麿
標題——繪本校上戶
技法——彩版印刷
尺寸、篇幅——半紙本三冊
出版年份——享和三年（1803年）
藏者——國際日本文化研究中心

02

圖3◉本書第18頁
作者——菱川師宣
標題——床之置物
技法——黑版印刷
尺寸、篇幅——大本一冊
出版年份——天和年間（1681～1684年）
藏者——國際日本文化研究中心

圖4◉本書第19頁
作者——葛飾派
標題——陰陽淫蕩之卷
技法——黑版印刷
尺寸、篇幅——半紙本一冊
出版年份——文政（1818～1830年）中期以後
藏者——國際日本文化研究中心

圖5◉本書第20頁
作者——葛飾派
標題——陰陽淫蕩之卷
技法——黑版印刷
尺寸、篇幅——半紙本一冊
出版年份——文政（1818～1830年）中期以後
藏者——國際日本文化研究中心

圖6◉本書第22頁
作者——葛飾派
標題——陰陽淫蕩之卷
技法——黑版印刷
尺寸、篇幅——半紙本一冊
出版年份——文政（1818～1830年）中期以後
藏者——國際日本文化研究中心

03

圖7◉本書第25頁
作者——月岡雪鼎
標題——艷道日夜女寶記
技法——黑版印刷
尺寸、篇幅——橫本一冊
出版年份——明和六年左右（約為1769年）
藏者——國際日本文化研究中心

圖8◉本書第25頁
作者——月岡雪鼎
標題——艷道日夜女寶記
技法——黑版印刷
尺寸、篇幅——橫本一冊
出版年份——明和六年左右（約為1769年）
藏者——國際日本文化研究中心

圖9◉本書第27頁
作者——葛飾派
標題——陰陽淫蕩之卷
技法——黑版印刷
尺寸、篇幅——半紙本一冊
出版年份——文政（1818～1830年）中期以後
藏者——國際日本文化研究中心

圖10◉本書第28～29頁
作者——鳥居清長
標題——袖之卷
技法——彩版印刷
尺寸、篇幅——柱繪判、十張一組
出版年份——天明五年（1785年）中期以後

藏者——國際日本文化研究中心

04

圖11◉本書第33頁
作者——溪齋英泉
標題——閨中紀聞枕文庫
技法——彩版印刷
尺寸、篇幅——半紙本八冊
出版年份——文政五年～天保三年（1822～1832年）
藏者——國際日本文化研究中心

圖12◉本書第35頁
作者——葛飾派
標題——陰陽淫蕩之卷
技法——黑版印刷
尺寸、篇幅——半紙本一冊
出版年份——文政（1818～1830年）中期以後
藏者——國際日本文化研究中心

07

圖18◉本書第49頁
作者——喜多川歌麿、勝川春潮
標題——會本妃女始
技法——黑版印刷
尺寸、篇幅——半紙本三冊
出版年份——寬政二年（1790年）
藏者——國際日本文化研究中心

09

圖20◉本書第62頁
作者——溪齋英泉
標題——閨中紀聞枕文庫
技法——彩版印刷
尺寸、篇幅——半紙本八冊
出版年份——文政五年～天保三年（1822～1832年）
藏者——國際日本文化研究中心

圖21◉本書第63頁
作者——月岡雪鼎
標題——新童兒往來萬世寶鑑
技法——彩版印刷
尺寸、篇幅——半紙本八冊
出版年份——不詳
藏者——國際日本文化研究中心

圖22◉本書第65頁
作者——月岡雪鼎
標題——艷道日夜女寶記
技法——黑版印刷
尺寸、篇幅——橫本一冊
出版年份——明和六年左右（約為1769年）
藏者——國際日本文化研究中心

圖23◉本書第65頁
作者——月岡雪鼎
標題——艷道日夜女寶記
技法——黑版印刷
尺寸、篇幅——橫本一冊
出版年份——明和六年左右（約為1769年）
藏者——國際日本文化研究中心

10

圖26◉本書第72頁
作者——戀川笑山
標題——實娛教繪抄
技法——彩版印刷
尺寸、篇幅——中本一冊
出版年份——慶應年間（1865～1868年）
藏者——原著者藏

圖27◉本書第73頁
作者——戀川笑山
標題——實娛教繪抄
技法——彩版印刷
尺寸、篇幅——中本一冊
出版年份——慶應年間（1865～1868年）
藏者——原著者藏

圖28◉本書第74頁
作者——葛飾北齋
標題——事後的雛形
技法——彩版印刷

尺寸、篇幅——大判十二張一組
出版年份——文化九年（1812年）
藏者——國際日本文化研究中心

圖29◉本書第75頁
作者——溪齋英泉
標題——閨中女悅笑道具
技法——彩版印刷
尺寸、篇幅——豆判四張一組
出版年份——不詳
藏者——國際日本文化研究中心

圖31◉本書第77頁
作者——北尾重政
標題——艷本色見種
技法——黑版印刷
尺寸、篇幅——半紙本三冊
出版年份——安永六年（1777年）
藏者——國際日本文化研究中心

圖32◉本書第78頁
作者——歌川國芳
標題——當盛水滸傳
技法——彩版印刷
尺寸、篇幅——半紙本三冊
出版年份——文政十二年（1829年）
藏者——國際日本文化研究中心

11

圖33◉本書第86頁
作者——溪齋英泉
標題——閨中紀聞枕文庫
技法——彩版印刷
尺寸、篇幅——半紙本八冊
出版年份——文政五年～天保三年（1822～1832年）
藏者——國際日本文化研究中心

12

圖34◉本書第90頁
作者——歌川豐國
標題——逢夜雁之聲
技法——彩版印刷
尺寸、篇幅——半紙本三冊
出版年份——文政五年（1822年）
藏者——國際日本文化研究中心

圖35◉本書第92頁
作者——伊藤晴雨
標題——論語通解
技法——石版彩色印刷
尺寸、篇幅——摺帖一帖
出版年份——昭和五年（1930年）
藏者——原著者藏

圖36◉本書第93頁
作者——歌川國虎
標題——繪本御積盃
技法——彩版印刷
尺寸、篇幅——半紙本三冊
出版年份——文政九年（1826年）
藏者——名古屋大學附設圖書館

圖37◉本書第95頁
作者——歌川豐國
標題——繪本開中鏡
技法——彩版印刷
尺寸、篇幅——半紙本三冊
出版年份——文政六年（1823年）
藏者——國際日本文化研究中心

圖38◉本書第98頁
作者——歌川豐國
標題——繪本開中鏡
技法——彩版印刷
尺寸、篇幅——半紙本三冊
出版年份——文政六年（1823年）
藏者——國際日本文化研究中心

13

圖39◉本書第１０１頁
作者——喜多川歌麿
標題——願之糸口
技法——彩版印刷

尺寸、篇幅—大判十三張一組
出版年份——文政六年（1799年）
藏者——國際日本文化研究中心

圖40◉本書第102頁
作者——鈴木春信
標題——風流艷色真似衛門
技法——彩版印刷
尺寸、篇幅——中判二十四張一組
出版年份——約為明和七年（約為1770年）
藏者——國際日本文化研究中心

圖41◉本書第104頁
作者——月岡雪鼎
標題——婚禮秘事袋
技法——黑版印刷
尺寸、篇幅——橫本三冊
出版年份——約為天明八年（約為1788年）
藏者——國際日本文化研究中心

14

圖42◉本書第112頁
作者——溪齋英泉
標題——閨中紀聞枕文庫
技法——彩版印刷
尺寸、篇幅——半紙本八冊
出版年份——文政五年～天保三年（1822～1832年）
藏者——國際日本文化研究中心

圖43◉本書第115頁
作者——戀川笑山
標題——實娛教繪抄
技法——彩版印刷
尺寸、篇幅——中本一冊
出版年份——慶應年間（1865～1868年）
藏者——原著者藏

15

圖46◉本書第126頁
作者——北尾重政
標題——今樣風俗 好女談合柱
技法——黑版印刷
尺寸、篇幅——半紙本三冊
出版年份——約為明和八年（約為1771年）
藏者——國際日本文化研究中心

圖47◉本書第127頁
作者——歌川豐國（畫）
標題——色道三組盃（考証）全
技法——彩版印刷
尺寸、篇幅——半紙本三冊
出版年份——約為明和八年（約為1771年）
藏者——原著者藏、立命館大學ARC提供（Ebi1474-03）

16

圖54◉本書第137頁
作者——月岡雪鼎
標題——艷道日夜女寶記
技法——黑版印刷
尺寸、篇幅——橫本一冊
出版年份——明和六年左右（約為1769年）
藏者——國際日本文化研究中心

圖55◉本書第138頁
作者——月岡雪鼎
標題——艷道日夜女寶記
技法——黑版印刷
尺寸、篇幅——橫本一冊
出版年份——明和六年左右（約為1769年）
藏者——國際日本文化研究中心

圖56◉本書第139頁
作者——溪齋英泉
標題——地色早指南
技法——彩版印刷
尺寸、篇幅——中摺本二冊
出版年份——約為天保七年（約為1836年）
藏者——國際日本文化研究中心

圖57◉本書第140頁
作者——月岡雪鼎
標題——艷道日夜女寶記
技法——黑版印刷

尺寸、篇幅——橫本一冊
出版年份——明和六年左右（約為1769年）
藏者——國際日本文化研究中心

17

圖60◉本書第147頁
作者——月岡雪鼎
標題——女大樂寶開
技法——黑版印刷
尺寸、篇幅——大本一冊
出版年份——寶曆年間（約為1751～1764年）
藏者——國際日本文化研究中心

圖61◉本書第148～149頁
作者——西川祐信
標題——優競花之姿繪
技法——黑版印刷
尺寸、篇幅——橫本三冊
出版年份——約為享保十八年（約為1733年）
藏者——國際日本文化研究中心

圖62◉本書第151頁
作者——柳川重信
標題——柳之嵐
技法——彩版印刷
尺寸、篇幅——大判十二張一組
出版年份——文化年間（1804～1818年）末期
藏者——阿姆斯特丹國立美術館

圖63◉本書第153頁
作者——喜多川歌麿
標題——山姥與金太郎，吮乳
技法彩畫
尺寸、篇幅——大判一張
出版年份—約為享和二年（約為1802年）
藏者——ColBase https://colbase.nich.go.jp/

圖64◉本書第155頁
作者——歌川國芳
標題——花結色陰吉
技法——彩版印刷
尺寸、篇幅——半紙本三冊套書
出版年份——天保八年（1837年）
藏者——國際日本文化研究中心

18

圖65◉本書第164頁
作者——歌川豐國（畫）
標題——逢夜雁之聲
技法——彩版印刷
尺寸、篇幅——半紙本三冊
出版年份——文政五年（約為1822年）
藏者——國際日本文化研究中心

圖66◉本書第164頁
作者——西川祐信
標題——無題艷書
技法——黑版印刷
尺寸、篇幅——橫本一冊
出版年份——不詳
藏者——國際日本文化研究中心

圖67◉本書第165頁
作者——月岡雪鼎
標題——婚禮秘事袋
技法——黑版印刷
尺寸、篇幅——橫本三冊
出版年份——約為天明八年（約為1788年）
藏者——國際日本文化研究中心

圖71◉本書第170頁
作者——西川祐信
標題——翠簾之內
技法——黑版印刷
尺寸、篇幅——橫本三冊
出版年份——不詳
藏者——國際日本文化研究中心

19

圖72◉本書第173頁
作者——不詳
標題——小柴垣草紙
技法——親筆繪製
尺寸、篇幅——卷子（37.5×790cm）一卷
出版年份——江戶後期摹本

藏者——國際日本文化研究中心

圖**73**◉本書第174頁
作者——菱川師宣
標題——戀之睦言四十八手
技法—黑版印刷
尺寸、篇幅——大本一冊
出版年份——江戶後期摹本
引用自白倉敬彥《春畫之色戀——江戶睦事「四十八手」的世界》，講談社，第96頁。

圖**74**◉本書第175頁
作者——西川祐信
標題——風流圖色法師
技法——黑版印刷
尺寸、篇幅——橫本三冊
出版年份——約為正德四年（約為1714年）
藏者——國際日本文化研究中心

圖**75**◉本書第176頁
作者——不詳
標題——袋法師繪詞
技法——親筆繪製
尺寸、篇幅——卷子（31×930cm）一卷
出版年份——江戶中期摹本
藏者——國際日本文化研究中心

20

圖**76**◉本書第185頁
作者——菱川師宣
標題——床之置物
技法——黑版印刷
尺寸、篇幅——大本一冊
出版年份——天和年間（1681～1684年）
藏者——國際日本文化研究中心

23

圖**79**◉本書第216頁
作者——葛飾派
標題——陰陽淫蕩之卷
技法——黑版印刷
尺寸、篇幅——半紙本一冊
出版年份——文政（1818～1830年）中期以後
藏者——國際日本文化研究中心

圖**84**◉本書第221頁
作者——溪齋英泉
標題——閨中紀聞枕文庫
技法——彩版印刷
尺寸、篇幅——半紙本八冊
出版年份——文政五年～天保三年（1822～1832年）
藏者——國際日本文化研究中心

圖**86**◉本書第223頁
作者——溪齋英泉
標題——地色早指南
技法——彩版印刷
尺寸、篇幅——中摺本二冊
出版年份——約為天保七年（約為1836年）
藏者——國際日本文化研究中心

24

圖**87**◉本書第226頁
作者——柳川重信
標題——無題
技法——彩版印刷
尺寸、篇幅——豆判一張成組
出版年份——或為文政十一年（1828年）
藏者——原著者藏

作者｜春画ール

1990 年生於愛媛縣，學生時代看到葛飾北齋的《海女與章魚圖》，於是在春畫界覺醒。
站在一般春畫鑑賞者的視角，摸索春畫的魅力與欣賞之道。
2018 年開始用筆名「春画ール」名義展開活動，以「現代人眼中的春畫」為核心概念，持續向國內外發布資訊。
目前正在戀愛網媒《AM》連載《令和奇聞》、
並於新潮社宣傳誌《波》連載《春畫之穴》。
其他著書尚有《我迷上春畫了》（日文版由 CCC メディアハウス出版）。

譯者｜哲彥（Tetsuhiko）

自由文字工作者。
常被日本人當關西人的奇怪台灣人。
最愛日本人白天裝乖乖、晚上不正經的反差萌文化。
擅長生活風格、美食旅遊、自我成長等類型書籍。
翻譯切磋請洽：tetsuhiko@gmail.com

「去了」到底是要去哪裡？

好色日本性愛史：從浮世繪到性典籍看江戶時代的情慾文化，走進「性福」的極樂世界

作者春畫女子（春画ール）
譯者哲彥
主編趙思語
封面設計 Zoey Yang
內頁美術設計林意玲

執行長何飛鵬
PCH集團生活旅遊事業總經理暨社長李淑霞
總編輯汪雨菁
行銷企畫經理呂妙君
行銷企劃專員許立心

出版公司
墨刻出版股份有限公司
地址：台北市104民生東路二段141號9樓
電話：886-2-2500-7008／傳真：886-2-2500-7796
E-mail：mook_service@hmg.com.tw
發行公司
英屬蓋曼群島商家庭傳媒股份有限公司城邦分公司
城邦讀書花園：www.cite.com.tw
劃撥：19863813／戶名：書虫股份有限公司
香港發行城邦（香港）出版集團有限公司
地址：香港灣仔駱克道193號東超商業中心1樓
電話：852-2508-6231／傳真：852-2578-9337
城邦（馬新）出版集團 Cite (M) Sdn Bhd
地址：41, Jalan Radin Anum, Bandar Baru Sri Petaling, 57000 Kuala Lumpur, Malaysia.
電話：(603)90563833 ／傳真：(603)90576622 ／E-mail：services@cite.my
製版・印刷藝樺設計有限公司・漾格科技股份有限公司
ISBN978-986-289-781-2・978-986-289-784-3（EPUB）
城邦書號KJ2074 **初版**2023年6月
定價480元
MOOK官網www.mook.com.tw
Facebook粉絲團
MOOK墨刻出版 www.facebook.com/travelmook

國家圖書館出版品預行編目資料
「去了」到底是要去哪裡?好色日本性愛史：從浮世繪到性典籍看江戶時代的情慾文化,走進「性福」的極樂世界/春画ール(春畫女子)作；哲彥譯. -- 初版. -- 臺北市：墨刻出版股份有限公司出版：英屬蓋曼群島商家庭傳媒股份有限公司城邦分公司發行, 2023.06
256面；14.8×21公分. -- (SASUGAS 74)
譯自：『江戸の女性たちはどうしてましたか? 春画と性典物からジェンダー史をゆるゆる読み解く』（春画ール）
ISBN 978-986-289-781-2(平裝)
1.CST: 性學 2.CST: 歷史 3.CST: 風俗 4.CST: 日本
544.7　　111016809